Guy Boulianne

Le Prince FOU

Tome 1

LE PRINCE FOU (TOME 1), par GUY BOULIANNE

Dépôt légal :
Bibliothèque et Archives Canada
Bibliothèque et Archives nationales du Québec

ÉDITIONS DÉDICACES INC

www.dedicaces.ca | www.dedicaces.info
Courriel : info@dedicaces.ca

Guy Boulianne

Le Prince FOU

Tome 1

*« Lorsqu'un peuple perd la mémoire,
c'est un peuple qui disparaît »*

– *GUY BOULIANNE*

Préface

Comment décrire l'éditeur et écrivain Guy Boulianne… mais surtout l'incroyable poète soucieux d'une vérité portant sur le souci de cette francophonie québécoise, de par ce parcours chargé d'histoire qui ne cesse de hanter nos fantasmes ?

Guy Boulianne revient sur la vision de l'oriflamme qui, partagé entre les croisades et les guerres saintes, a divisé l'Europe d'une seule et même famille. Reprenant les codes des Ordres – de la chevalerie aux descendants maçonniques – il évoque tour à tour ces princes qui auront fait de notre histoire une telle complexité qu'une seule vérité ne peut être authentique aujourd'hui… à moins que l'on découvre les reliques du Saint Siège.

N'y a-t-il pas, *au-delà des religions*, des sources cachées de notre existence et un savoir des peuples qui nous ont donné vie ?

N'est-ce pas le sens même de ce que Guy Boulianne essaie de nous faire comprendre : que l'humain se croyant fort et seul sur terre, n'est pas venu là par hasard, et que les religions n'ont été qu'un souffle d'images d'enfants transmis à des novices qui ne pouvaient entendre la réalité d'un espace bien plus grand qu'eux.

Le combat d'une famille n'est-il pas le sang de la liberté et ce sens même de l'existence qui fait de nous de grands hommes, faits pour purifier la croyance de l'Être suprême ? Le retour à l'ordre n'est-il pas nécessaire dans un monde où toutes les valeurs sont bafouées et où nous avons oublié jusqu'à nos propres traditions, au point de ne plus savoir d'où nous venons, et nous refléter uniquement dans l'opportunisme d'une marque à la mode.

Reprendre le combat de jadis pour sauvegarder notre terre et vivre selon nos convictions, et ceci pour sauver notre patrimoine.

Ne pas avoir peur de qui a fait le bien ou le mal, car dans toute chose cet affront se répartit d'une manière claire, pour ne faire qu'un et se modifier par lui-même.

La crise est une étape, *non pas pour créer une dépression de névrosés*, mais pour vivre un combat de créatifs voulant se faire valoir pour leurs idées et engendrer – *depuis le début* – l'Humanité Universelle.

JARL ALÉ DE BASSEVILLE
Royaume de Normandie en Exil
www.kingdomofnormandy.com

À propos de l'auteur

Né en 1962, Guy Boulianne débute sa carrière artistique en 1983, en publiant son premier recueil de poésie intitulé *« Avant-propos d'un prince fou »*, suivi quatre ans après d'un deuxième recueil intitulé *« La bataille des saints »*. La même année, il devient l'un des responsables des deux galeries d'art Lézart et Frère Jérôme, et en 1989 propriétaire de la galerie d'art Imagine, à Montréal.

En 1997, il fonde en France le Conseil Franco-Québécois de la Culture qui a pour objectif de développer les échanges culturels entre la France et le Québec. Huit ans plus tard, Guy Boulianne devient pendant plus de trois ans l'éditeur en chef des éditions Mille Poètes, avant de fonder sa propre maison, les Éditions Dédicaces,[1] en 2009.

On le retrouve aussi, au début de sa carrière, comme administrateur au Regroupement des Auteurs-Éditeurs Autonomes et comme concepteur et réalisateur de deux émissions télévisées chez Vidéotron (*Écriture d'ici* et *Plume et pinceau*). En 2010, il remporte le Diplôme d'honneur de la francophonie au Concours Europoésie UNICEF, en France. Le nom de Guy Boulianne figure d'ailleurs dans le *« Dictionnaire des poètes d'ici – de 1606 à nos jours »*, paru aux éditions Guérin (Québec, 2005).

Guy Boulianne est le fondateur du Royaume de Nova Francia,[2] une micronation située sur les terres jadis colonisées par la Société des vingt-et-un, et dont faisait partie son ancêtre direct, Louis Boulianne (1837-1842).

---

[1] Éditions Dédicaces : www.dedicaces.ca.

[2] Royaume de Nova Francia : www.novafrancia.ca.

Je dédie ce livre à mon ami
Didier Lutz qui fut de toutes les
aventures lors de mes séjours en France.

GUY BOULIANNE

Fleur de Roi : Québec, terre promise ! Québec, terre de liberté !

Article publié une première fois dans le « Le lys d'or » (Vol.1 No. 1 mars 1993) :

Québec, terre promise ! Québec, terre de liberté ! Québec, terre d'asile pour de nombreux peuples ! Plusieurs personnes scandent ces paroles sans vraiment savoir les expliquer. Il en est de même pour le drapeau national. Qui n'est pas fier d'arborer ce « champ bleu orné de quatre fleurs de lys », mais qui peut vraiment en expliquer la provenance ?

Contrairement à ce que l'on pense généralement, la fleur de lys n'a pas pris son origine en France, mais plutôt en Orient, où elle ornait plusieurs monuments et objets d'art d'Égypte. Dans ce pays, cet emblème floral distinguait les dieux et les souverains, il représentait donc le double pouvoir spirituel et royal. Osiris, Isis et Horus en étaient couronnés et cet emblème se retrouvait souvent sur le front des statues et des sphinx.[3]

Nous comprenons ainsi plus facilement pourquoi la fleur de lys fut adoptée par les Hébreux. Ceux-ci étant les héritiers sacerdotaux de l'Égypte ancienne, il est normal qu'ils emportèrent avec eux cet important symbole spirituel. Le roi Salomon lui rendit un vibrant hommage dans son Cantique des cantiques et Jésus lui-même s'en servait comme symbole de valeur : *« Considérez les lis : ils ne travaillent ni ne filent; cependant je vous dis que Salomon même, dans toute sa gloire, n'a pas été vêtu comme l'un d'eux »* (Luc, VII 27).

---

[3] L'origine du blason, A. De Beaumont, éd. Pardès, Puiseaux 1989.

Pour les Hébreux, le lys était l'emblème des tribus d'Israël, ce qui s'explique par le fait que vue de haut, cette fleur épouse la forme de l'étoile de David, cette étoile se divisant en douze triangles équilatéraux, chacun représentant une des tribus.

Le lys est un symbole de pureté, de chasteté et de fécondité. Il est la fleur des Vierges. Mais il symbolise aussi la fraternité, l'amour, la paix, chacun de ses rameaux se rassemblant en son centre pour ne former qu'un tout.[4]

Mais comment la fleur de lys a-t-elle bien pu arriver jusqu'en France ? Il faut bien se dire que plusieurs migrations juives eurent lieu à travers l'Europe, la dernière remontait à l'édit d'expulsion promulgué après la révolte contre Rome en 132 de notre ère. Les Juifs durent s'exiler hors de la Palestine, certains s'installèrent en Égypte, d'autres en Espagne et dans les Pyrénées. La migration d'un groupe de Benjamins eut lieu plusieurs siècles auparavant, suite à une guerre civile qui impliqua toutes les autres tribus. Ceux-ci empruntèrent le chemin du nord, en passant par l'Arcadie (Grèce) et s'installèrent en terre germanique pour aboutir au début du cinquième siècle à la frontière belge, dans la région des Ardennes. Les Benjamins sont les ancêtres du peuple franc, les Sicambres.[5]

Ce sont eux qui donnèrent à la France ses premiers rois, les Mérovingiens. Ces derniers avaient pour emblème le crapaud, probablement dû au fait que leurs ancêtres vivaient à proximité des marais et des marécages. La légende raconte que Clovis fit un rêve durant la nuit précédant la bataille de Tolbiac en 496 dans lequel le crapaud d'or qui ornait un de ses étendards se transforma en lys. Nous n'irons pas jusqu'à affirmer cela, même si l'histoire officielle ne reconnaît

---

[4] Fleur de lys vient aussi du celtique « li » signifiant roi, souverain.

[5] «Franc» vient du germain «wrang», participe passé du verbe «wringen», signifiant «ceux qui ont été bannis», «ceux qui ont erré».

l'apparition du lys que sur le sceptre royal de Charles le Chauve vers l'an 840. Nous opterons plutôt pour les chroniques qui affirment que le roi Clovis reçut de l'empereur d'Orient, Anastase, le sceptre Fleurdelisé ainsi que le titre de Consul.

En France, les lys demeurèrent insignes royaux jusqu'en 1789, alors que la Révolution française mettait fin au règne des usurpateurs capétiens.

En Nouvelle-France, la bannière à trois fleurs de lys fit son apparition avec l'arrivée de Jacques Cartier en 1534. Champlain, quant à lui, utilisa un drapeau bleu à croix blanche. Par contre, Montcalm fut le premier à arborer les quatre lys sur le drapeau lors de la bataille de Carillon en 1758. Mais cette incursion du Fleurdelisé sur le Nouveau Continent fut brève, car avec la chute de Québec en 1760, l'Angleterre imposa ses propres couleurs au peuple québécois.

Il fallut attendre l'abbé Elphège Filiatraut qui, sur son presbytère de Saint Judes, hissa le pavillon bleu à quatre fleurs de lys dont il était l'auteur : le Carillon. En 1903, les membres de la Société Saint-Jean-Baptiste décidèrent d'y ajouter en son centre l'image du Sacré-Coeur. Henri Bernard écrivait à ce sujet : *« C'est en reconnaissance de ce droit de royauté de Jésus-Christ sur leur patrie et pour se rendre aussi à sa demande spéciale et présente, que les Canadiens Français ont peint sur leur drapeau national l'image bénie de son Sacré-Coeur. »*[6]

Est-ce vraiment un hasard si le Fleurdelisé fut adopté par le Parlement la même année que la création de l'État d'Israël en 1948 ? Ce n'est pas seulement la France qui légua la fleur de lys au Québec, mais aussi le peuple hébreu qui lui-même était l'héritier de l'ancienne Égypte. Trente-six ans plus tard, le pape Jean-Paul II lors de sa venue au Québec s'écria : *« Salut à vous, croyants en Dieu et héritiers du peuple d'Israël ».*[7]

De quoi réfléchir.

---

[6] Revue canadienne, Montréal, août 1906.

[7] La Presse, Montréal, août 1984.

Saint-Étienne de Bourges et le Fleurdelysé-Sacré-Coeur

Ce document fut envoyé au Curé-Archiprêtre de Bourges, Joël Massip, le 11 novembre 1997.

De la chape de Saint Martin à l'écu des rois de France

« Mon Bien-Aimé est à moi, je suis à lui ;
Il paît son troupeau parmi les lis »
(Cantique des cantiques VI, 3)

La tradition rapporte qu'en 507, à la bataille de Vouillé, Clovis fit amener la chape bleue de saint Martin et obtint alors la victoire sur le roi wisigoth Alaric. Cette relique était placée avec d'autres dans une châsse, sorte de pavillon portatif que le roi faisait déposer dans un oratoire privé, non loin de l'endroit où il habitait.

Plus tard, la bannière bleue fit son apparition sur une mosaïque de Saint-Jean-de-Latran représentant le couronnement de Charlemagne en l'an 800 par le pape Léon III avec une bannière portant six roses rouges sur fond bleu.

La chape de saint Martin est indiquée par la tradition comme présente lors de la célèbre bataille de Poitiers en 732 lorsque Charles Martel repoussa les Sarrasins. Par la suite, on la signale dans d'autres combats en 838 devant Tours ainsi qu'en 1043, 1066 et 1195.

Sans que l'on puisse être trop affirmatif, le bleu semble donc avoir eu en ces temps lointains un caractère en quelque sorte national. Une chose est certaine : l'écu des rois de France sera de couleur bleue au moment où apparaîtront les armoiries sous le règne de Louis VII et peut-être même de Louis VI, c'est-à-dire au cours du XIIe siècle.

Selon l'héraldiste Hervé Pinoteau, le bleu de l'écu de France était celui de Marie, Reine des Cieux, qui portait un voile bleu sombre constellé d'étoiles et symbolisant le monde. En ces temps de foi profonde le symbolisme est donc imprégné d'esprit chrétien.

Louis VI le Gros prend l'oriflamme à Saint-Denis des mains de l'abbé Suger, avant de marcher contre l'armée de l'empereur germanique Henri V qui menaçait d'envahir la France, 1124. Par Jollivet Pierre-Jules (1794-1871) qui l'a peint en 1836.

D'autre part, l'écu de France s'accompagnait d'un semis de fleurs de lys d'or. Le symbole de la fleur de lys a aussi fait couler beaucoup d'encre quant à son origine. Il semble aujourd'hui admis qu'il s'agit de la fleur de l'iris (appelée aussi « flamme ») particulièrement nombreuses dans les Flandres, sur les bords de la Lys, région que les Francs quittèrent pour pénétrer ensuite en Gaule et dont ils auraient ainsi commémoré le souvenir. Plus tard cette même fleur, reliée aux origines historiques et aux traditions du Québec[8] sera officiellement adoptée comme emblème national de cette province du Canada.

Outre l'étendard royal bleu fleurdelysé, il existait aussi un autre emblème très vénéré par les Français, à savoir l'oriflamme de Saint-Denis.

De la Sainte Lance à l'Oriflamme de Saint-Denis

« Oriflamme est une bannière
Ne cendant roujouiant et simple,
Sans portraiture d'autre affaire »
(Guillaume Guiart)

Quand le roi se battait contre l'empereur ou contre ses vassaux trop turbulents, il avait pour signe distinctif un gonfanon de couleur vermeille unie que l'on appelait oriflamme de Saint-Denis.

L'histoire raconte que lorsque l'empereur d'Allemagne voulut ravir la couronne de Philippe Auguste et envahir la France avec 200 000 hommes, le roi appela à lui toutes les paroisses et trouva 60 000 volontaires. Il se rendit à Saint-Denis pour communier et ramena l'oriflamme avec lui pour prendre part à la bataille. Les Français eurent à lutter contre un ennemi plus de trois fois supérieur ; ils fléchirent tout d'abord sous le nombre mais *« soudain, vers trois heures, du fond de la plaine ensoleillée, apparaît dépliée la Sainte Oriflamme ; une force mystérieuse s'échappe de ses plis : sa vue déconcerte, puis épouvante les ennemis. Ils cèdent, brisent leurs lignes et bientôt fuient de toutes parts ».*[9] Cet événement se déroulait en 1214.

---

[8] Assemblée législative du Québec, loi du 13 mars 1963

[9] Chanoine de Roquetaillade, Les grands pélerinages de France, Saint-Denis, p.30.

Mais quel est donc l'origine de ce mystérieux et redoutable attribut ?

Lors de la première croisade en 1098, *« saint André serait apparu trois fois à Pierre Barthélémy pour lui faire connaître l'endroit où, sous l'autel de Saint Pierre à Antioche, la sainte lance qui avait percé le sein du Christ crucifié serait retrouvée... On éxécuta les fouilles à la place indiquée et la précieuse relique apparut »*.[10]

La découverte de la Sainte-Lance à Antioche.

Selon Anne Lombard-Jourdan, cette lance était conservée au sanctuaire central des Gaules ; une relique en fut empruntée par Constantin le Grand et emportée en Italie en 312. Baptisée *« Lance de Constantin »*, cette copie devint la sacra lancea, signe d'investiture de l'empereur germanique ; elle est aujourd'hui conservée à Vienne (Autriche).

---

[10] F. Funck-Brentano, Les Croisades, p.67.

Quant à l'antique prototype de cette lance divine, demeuré à l'abbaye de Saint-Denis, il subit une dichotomie de ses éléments et survécut sous la forme de l'oriflamme française.[11]

L'oriflamme de Saint Denis entra dans l'histoire de France lorsque le comté de Vexin (où se trouvait Saint Denis) fut réuni à la couronne. Ce rattachement eut pour effet d'annexer l'oriflamme au pouvoir royal. Désormais l'oriflamme sera levé 21 fois dans 4 croisades et 17 guerres entre 1124 et 1386. Lorsque Philippe Auguste décida de partir pour la croisade, le 21 janvier 1188, il adopta sur sa tenue une croix rouge en s'inspirant de la couleur de l'oriflamme qui apparut pour la dernière fois dans un combat en 1415.

L'oriflamme avait un caractère religieux et sa levée était entourée de tout un cérémonial. Les reliques de Saint Denis étaient d'abord exposées publiquement, puis le roi venait s'agenouiller devant l'oriflamme avant de le confier à un chevalier parmi les plus braves. Celui-ci jurait solennellement de le porter pendant le combat et de ne jamais l'abandonner quoi qu'il arrive. Les autres chevaliers embrassaient l'oriflamme. Au moment de la bataille le chevalier ainsi désigné suspendait l'oriflamme à son cou précédant le roi, mais quand il arrivait en face de l'ennemi il le fixait au bout de sa lance et marchait ainsi devant l'armée royale.

La couleur rouge, on l'a deviné, symbolise le sang des martyrs et l'Église l'attribue aux ornements sacerdotaux pour les messes célébrées les jours qui leur sont consacrés. Il s'agit donc bien ici encore d'une couleur liturgique.

---

[11] Anne Lombard-Jourdan, Fleur de lys et oriflamme, signes célestes du royaume de France, presses du CNRS, 1991.

Sainte Marguerite-Marie Alacoque

> *"Les personnes qui partageront la dévotion à Mon Coeur auront leur nom écrit en lui et il n'en sera jamais effacé"*
> (Le Christ à Ste Marguerite-Marie Alacoque)

Le Grand siècle vit l'action surnaturelle de saint François de Sales, de sainte Jeanne Chantal, de saint Vincent de Paul, de sainte Louise de Marillac, de saint François Régis, de la Vénérable Marguerite de Verny d'Arbouse, de Marie des Vallées, de saint Jean Eudes, du cardinal de Bérulle, de Monsieur Olier et de tant d'ordres religieux qui se réformèrent, s'installèrent ou se fondèrent, faisant éclore ce magnifique renouveau chrétien en France.

Mais le XVIIe siècle vit aussi le renforcement de plusieurs sectes subversives anglo-saxonnes telles que la Rose-Croix, la Franc-Maçonnerie et l'Invisible College. Ces divers groupements, appuyés par les forces protestantes, travaillèrent en secret à l'abaissement du royaume de France et à l'anéantissement de la papauté.

En 1689, l'année même où Guillaume III d'Orange promulgua l'Acte de tolérance renonçant à toute réunification religieuse, une petite Visitandine de Paray-le-Monial reçut une révélation de Jésus-Christ. Ce message qui s'adressait au roi Louis XIV devait lui être révélé par le Révérend Père de la Chaise :

> « Fais savoir au fils de mon Sacré-Cœur que comme sa naissance temporelle a été obtenue par la dévotion aux mérites de ma sainte Enfance, de même il obtiendra sa naissance de grâce et de gloire éternelle par la consécration qu'il fera de lui-même à mon Cœur adorable, qui veut triompher du sien, et par son entremise de celui des grands de la terre.

> « Il veut régner dans son palais, être peint dans ses étendards et gravé dans ses armes, pour les rendre victorieuses de tous ses ennemis, en abattant à ses pieds ces têtes orgueilleuses et superbes, pour le rendre triomphant de tous les ennemis de la sainte Église. »

Deux mois plus tard, Marguerite-Marie Alacoque écrivit une seconde lettre à Mère Saumaise dans laquelle elle faisait part d'une nouvelle requête du Seigneur :

> « Le Père éternel voulant réparer les amertumes et angoisses que l'adorable Cœur de son divin Fils a ressenties dans la maison des princes de la terre, parmi les humiliations et outrages de sa Passion, duquel il se veut servir pour l'exécution de ce dessein qu'il désire s'accomplir en cette matière, qui est de faire faire un édifice où serait le tableau de ce divin Cœur pour y recevoir la consécration et les hommages du roi et de toute la cour ».

Malheureusement, la volonté divine ne fut pas entendue par le roi. Soixante ans plus tard, le Dauphin, père de Louis XVI, demanda et obtint qu'un modeste autel fut dédié au Sacré-Cœur, en la chapelle royale de Versailles, à quelques pas des fortifications de Louis XV, le Bien-Aimé. Il fallut attendre deux autres siècles avant que ne soit construite la Basilique du sacré-Cœur à Montmartre, à l'endroit même où Saint-Denis fut décapité.

Prisonnier aux Tuileries, Louis XVI le regretta amèrement et fit le vœu, s'il recouvrait la liberté : *« D'aller moi-même en personne... et de prononcer... un acte solennel de consécration de ma personne au Sacré-Cœur de Jésus, avec promesse de donner à tous mes Sujets l'exemple du culte et de la dévotion qui sont dû à ce Cœur adorable »*.

Mais il était trop tard. Le roi n'ayant pas obéi assez tôt aux ordres du Christ, le divin Cœur qui devait le protéger et le défendre contre tous ses ennemis visibles et invisibles[12] ne pouvait maintenant plus rien pour lui. Déjà la Révolution

[12] Ste Marguerite-Marie Alacoque, vision du 28 août 1689.

faisait ses ravages par le biais de la Franc-Maçonnerie anglo-saxonne. Elle s'apprêtait à mettre à exécution le décret décidé aux Convents de Whilhelsbad (1782) et de Francfort (1786) : l'assassinat du roi.

L'exécution de Louis XVI d'après une gravure allemande.

La Nouvelle France et sa véritable Mission

«Votre devise est Je me souviens.
Il y a vraiment des trésors dans la mémoire de l'Église comme dans la mémoire d'un peuple»
(Jean-Paul II au Québec)

Lorsque la France créa la République sur les cendres de la Révolution, elle renia ainsi sa fonction traditionnelle de Fille aînée de l'Église. En célébrant le culte de l'Être suprême, le peuple célébrait le dieu du sang et du carnage. Le 20 avril prairial an II (8 juin 1794), devant la foule des Parisiens réunis devant le jardin des Tuileries, Robespierre prononça le discours qui ouvrait la fête de l'Être suprême :

« Français républicains, il est enfin arrivé ce jour à jamais fortuné que le peuple français consacre à l'Être suprême. Jamais le monde qu'IL a créé ne lui offrit un spectacle aussi digne de ses regards ».

C'est donc la révolte et la guerre que l'on sacrifie à ce dieu usurpateur. Le peintre David, qui a réglé les moindres détails de cette fête, dit lui-même : *« L'aurore annonce à peine le jour et déjà les sons d'une musique guerrière retentissent de toutes parts et font succéder au calme du sommeil un réveil enchanteur ».*[13]

L'Être suprême poursuit et veut achever la grande déchristianisation du pays, commencée un an auparavant. Ainsi, les mesures contre les prêtres n'ont-elles jamais été aussi rigoureuses qu'entre le 18 floréal (7 mai 1794) et le 9 thermidor (27 juillet 1794), date de la chute de Robespierre. *« Sans contraintes, sans persécution, toutes les sectes doivent se confondre d'elles-mêmes dans la religion universelle de la Nature. Que la liberté des cultes soit respectée, pour le triomphe même de la raison ».*

La musique exécuta alors le fameux « Père de l'univers » de Gossec, sur des paroles de Marie-Joseph Chénier : *« Sur les débris du diadème et du trône sanglant des rois, le peuple vers l'être suprême, en ces lieux élève sa voix ».*

Parmi ces sombres festivités, il se produisit un incident qui augurait de la véritable teneur de cette procession. Ayant terminé son discours, le Président mit le feu à un monument où trônait la personnification de la Sagesse, véritable Veau d'or contemporain. Mais David n'avait pas prévu que la statue cachée dans la figure d'étoupe apparaîtrait devant tous, noire de suie! Le député Boissy d'Anglas s'indigna :

---

[13] Celui-ci avait élevé sur le Champs-de-Mars une montagne semée de tombeaux étrusques, de temples grecs et de grottes, dans le goût des ruines factices du parc Monceau.

« Je dois dire que j'ai été peu satisfait de cette pantomime allégorique de l'incendie de l'Athéisme et de l'exaltation de la Sagesse. Outre qu'elle ait été mesquine dans l'exécution, il est impossible de ne pas sentir que de telles fictions ne pouvait paroître froides et petites ».

Grand prêtre de ce nouveau culte, Robespierre s'écria devant la foule : *« Il est entré dans le néant, ce monstre que le génie des rois avait vomi sur la France ; qu'avec lui disparoissent tous les crimes et tous les malheurs du monde ! Que la nature reprenne tout son empire ; l'Être suprême n'est point anéanti ».*

Trois quarts de siècle plus tard, le comte de Chambord ne voulant pas renier son drapeau, dira: *« Surtout qu'ils gardent l'espérance qu'un jour Dieu ramènera sur le trône de France le descendant du lys à la tête coupée et que notre chère patrie redevenue Fille aînée de l'Église retrouvera sa grandeur et sa gloire ».*[14] En cela, nous croyons que le Québec a un rôle à jouer. La Mission divine dont la France avait obtenu la charge par les Pères de l'Église fut transmise légitimement à son héritière : la Nouvelle-France. Lors de sa venue au Canada en 1984, le pape Jean-Paul II s'écria : *« Dans cet immense pays du Canada, c'est d'abord à Québec que je commence mon pèlerinage, et j'en suis très heureux. Salut à toi, Québec, première église en Amérique du Nord. Salut à vous, croyants en Dieu et héritiers du peuple d'Israël ».*

Un peu plus tard, lors de la messe, le saint Père confirmera les Québécois dans leur mission apostolique : *« Moi, Jean-Paul II, l'évêque de Rome, je désire vous saluer cordialement au commencement de mon pèlerinage sur votre terre. Je désire vous saluer tous, vous qui êtes la race choisie, le sacerdoce royal, la nation sainte, le peuple qui appartient à Dieu ; vous*

---

[14] Le comte Chambord effectua un don de 500 000 F pour l'érection du Sacré-Coeur à Montmartre.

qui avez été appelés en Jésus-Christ pour annoncer les merveilles de Celui qui vous a appelés des ténèbres à son admirable lumière ». Après quoi le Souverain pontife consacra solenellement la transmission sacerdotale au peuple québécois :

« Tu es le Christ, le Fils du Dieu vivant ! Ces paroles, c'est Simon-Pierre qui les a prononcées dans la terre de Galilée. Ces paroles professent la filiation divine de Jésus-Christ – Simon-Pierre les a transmises en héritage à l'Église. Comme évêque de Rome, successeur de Pierre, je désire prononcer ces mêmes paroles aujourd'hui sur la terre canadienne. Tu es le Christ, le Fils du Dieu vivant ».

C'est pour cette raison que nous croyons le moment venu de restituer les fleurs de lys à la France. En hissant le Fleurdelysé-Sacré-Cœur sur la cathédrale Saint-Étienne de Bourges, cela aura valeur de symbole spirituel. À cet instant le Cœur de Jésus rayonnera sur toute la France et « répandra avec abondance les influences de son divin amour ». [15] L'apôtre saint Jean n'a-t-il pas dit à sainte Gertrude :

« Quant à ce Cœur sacré, Dieu s'est réservé de le faire connaître dans les derniers temps, quand le monde commencera à tomber dans la décrépitude, afin de ranimer la flamme de sa charité qui sera alors refroidie ».

---

[15] Révélation de Jésus-Christ à sainte Marguerite-Marie Alacoque (1675).

La ville de Bourges : Capitale rayonnante de la France

> *« Personne ne pourrait douter en contemplant cette oeuvre de la Providence, qu'elle n'ait disposé ainsi ce pays avec intention et non au hasard »*
> (Strabon, en parlant de la Gaule)

La France a indéniablement une Mission divine à accomplir, et cette mission est inscrite sur son sol. Lors de son baptême en 496, Clovis reçut ces paroles de l'Archevêque de Reims : *« Apprenez mon fils, que le royaume de France est prédestiné par Dieu à la défense de l'Église romaine qui est la seule véritable Église du Christ ».*[16] Lors de la béatification de Jeanne d'Arc en 1908, saint Pie X confirma ces paroles prophétiques : *« Vous direz aux Français qu'ils fassent leur trésor des testaments de saint Rémi, de Charlemagne et de saint Louis, qui se résument dans ces mots si souvent répétés par l'héroïne d'Orléans : Vive le Christ qui est Roi de France ».*[17]

Le territoire de la France est partagé également par trois lignes principales. La première et la plus importante traverse la France du nord au sud en passant par les villes de Dunkerque, Amiens, Paris et Bourges. Nous verrons que ces méridiennes correspondent à un symbolisme chrétien très puissant et que Bourges se situe au centre rayonnant d'où pourra surgir la lumière divine, ce qui fera dire à Léon Bloy : *« La France est le secret de Jésus ».*

Le premier personnage à avoir sacralisé la Gaule fut nul autre que saint Martin lorsqu'il partagea son manteau en deux parties égales, oblitérant symboliquement la France par son milieu, à la façon du méridien. À l'est, la démarcation se fait avec le Rhône qui délimite l'ancien Saint Empire romain germanique. Ce méridien longe la Bourgogne jusqu'à Saint-

---

[16] Migne. Patr. Lat. CXXXV, p.51 et suivantes.

[17] Actes de Saint Pie X, tome V, pp.204 et 205.

Rémy-de-Provence, tout près des Saintes-Maries-de-la-Mer et de la Sainte-Baume et il est présidé par saint Maurice, patron du Saint-Empire. D'ailleurs, la Sainte Lance qui appartenait à Constantin et qui figure aujourd'hui dans le trésor impérial à Vienne, est aussi appelée « Lance de Saint-Maurice ». Ce symbole axial par excellence est le pendant bénéfique de cet autre méridien qui se trouve complètement à l'opposé et qui s'appelle Greenwich.

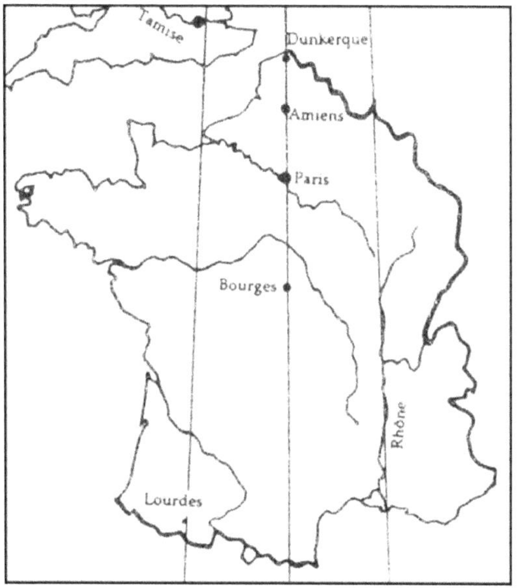

Situé à l'Ouest de l'Hexagone, Greenwich délimite quant à lui l'ancien royaume des Plantagenêt. Il traverse le territoire qui a vu l'expansion du protestantisme, de l'Angleterre jusqu'à la Navarre d'Henri IV. Ce méridien, à n'en pas douter, canalise des énergies obscures qui se sont amplifiées depuis l'assassinat de l'Archevêque de Cantorbéry par les hommes de Henri II Plantagenêt.[18] Sa mort tragique marquait le début d'une lutte entre l'Angleterre et la papauté qui devait aboutir,

[18] L'assassinat de Thomas Becket eut lieu le 29 décembre 1170.

quatre siècles plus tard à la rupture définitive de 1533 par l'Acte de suprématie d'Henri VIII.

Ce Méridien Zéro, présidé par les sorcières vertes (green witch),[19] envoie des effluves négatives jusqu'au sud de la France, plus précisément sur la ville de Lourdes où depuis 1858 se déroule un pèlerinage en l'honneur de la Vierge. Elles se cristallisent dans le blason de cette ville qui porte un aigle aux ailes largement déployées et tenant en son bec un poisson : c'est le pouvoir temporel qui tente de soumettre à sa puissance l'autorité spirituelle du Christ. Mais heureusement, ce méridien est protégé par deux défenseurs de taille : au sommet le patron de l'Angleterre, Saint Georges qui terrasse le dragon, tandis qu'à l'extrémité la Vierge Marie écrase la tête du serpent. Une autre gardienne de taille protège cette autre partie de l'Hexagone : Sainte Thérèse de Lisieux, Patronne des Missions et Patronne secondaire de la France !

À l'image du caducée, les antagonismes des méridiens de Saint-Georges et de Saint-Maurice trouvent leur équilibre avec celui de Saint-Martin (ou de Paris) qui divise la France en deux parties égales.

Soldat romain, Martin rentrait paisiblement d'une de ses rondes habituelles, lorsque surgit devant lui un pauvre hère. Le voyant à demi nu et grelottant sous la rigueur glaciale de l'hiver, Martin ôta son propre manteau, tira l'épée de son fourreau et fendit sa chlamyde en deux. Il en donna une moitié au mendiant et garda l'autre pour lui-même. La nuit suivante, une éblouissante lumière avait soudain envahi sa chambre. Des anges entouraient le Christ qui lui souriait, portant sur sa tunique blanche un pan du manteau : Reconnais-tu ce manteau

---

[19] Ce même méridien vit la fin de la royauté légitime d'Angleterre lorsqu'à l'approche du protestant Guillaume III d'Orange, Jacques II Stuart jeta les sceaux royaux dans la Tamise (1688).

Martin ? Et comme Martin éperdu ne répondait pas, le Seigneur se retourna vers sa lumineuse escorte, pour expliquer : Martin, encore catéchumène, m'a revêtu de ce manteau. Martin, en vêtant un pauvre avait vêtu le Christ.

En accomplissant ce geste, Martin sacralisa la France et la remit de plein droit au Christ. Comme les lances de Saint Maurice et de Saint Georges, l'épée de saint Martin est le symbole axial du méridien qui traverse très précisément la cathédrale d'Amiens. Son biographe et disciple, Sulpice Sévère, nous assure que la « Charité Saint Martin » eut lieu dans cette ville, devant la porte des Gémeaux, ce qui est déjà un signe évident de dualité.

Au nord d'Amiens, le méridien se dirige sur la ville de Dunkerque dont le blason porte dans chacune de ses deux parties un poisson et un lion, tous deux symboles du Christ. En effet, le lion est l'attribut de Judas de qui est issu David et Jésus. Dans une lettre à saint Louis datée de 1234, le Pape Grégoire IX érigea explicitement Clovis successeur de David :

« La tribu de Judas étant la figure anticipée du royaume de France... et de même qu'autrefois la tribu de Judas reçut en héritage une bénédiction très spéciale parmi les autres fils du patriarche Jacob, ainsi la France reçut, de Dieu lui-même, des prérogatives extraordinaires ».[20]

C'est donc le Christ qui trône sur cet axe central, ce qui place celui-ci sous une protection tout à fait privilégiée.

---

[20] Cette lettre fut rappelée par le pape Saint Pie X le 13 décembre 1908, lors de la béatification de Jeanne d'Arc.

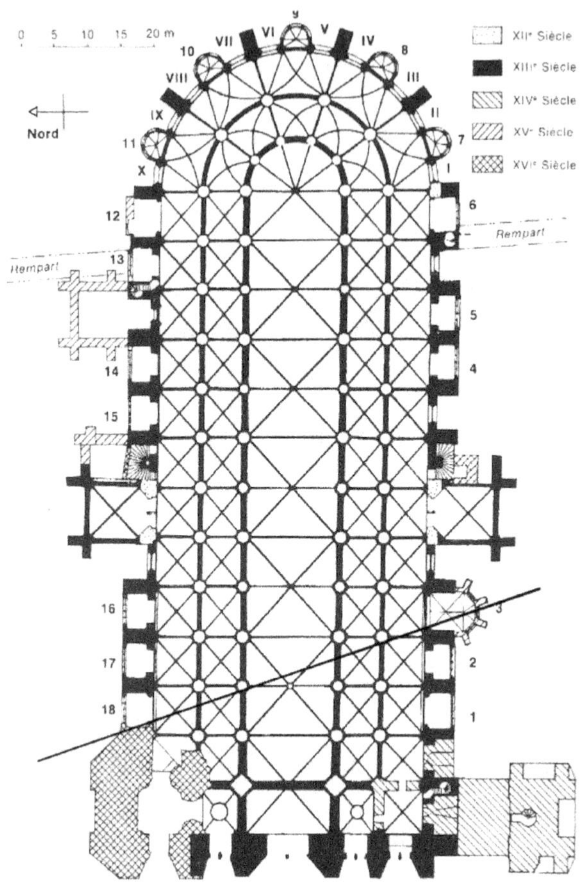

Après avoir survolé le labyrinthe de la cathédrale d'Amiens, le méridien traverse la Basilique de Saint-Denis dans laquelle sont ensevelis les rois de France et où est déposée, ne l'oublions pas, la vieille bannière qui a souvent conduit le pays à la victoire au cri de Montjoie-Saint-Denis ![21] Après quoi, il poursuit sa route jusqu'à Paris, traverse le chœur de l'église Saint-Roch dans laquelle se trouve une copie de l'arche

[21] Par un signe providentiel, saint Denis fut décapité à l'endroit même où sera construite la Basilique du Sacré-Coeur, annonçant ainsi le martyr de Louis XVI.

d'alliance[22] et atteint le gnomon astronomique de l'église Saint-Sulpice dans le 6e arrondissement. Dans cette église, le méridien est marqué au sol par un fil de cuivre et longe le transept dans toute sa longueur.

Tout cela n'est pas fortuit. Le symbolisme est trop puissant pour être dû au hasard. L'église dans laquelle nous retrouvons le méridien de Paris porte le nom de celui qui fut le disciple du « fondateur » de cet axe central, saint Martin. Or, deux saint Sulpice deviendront évêques de Bourges à l'époque mérovingienne, et c'est précisément à cet endroit que le méridien nous mènera.

En effet, le même fil de cuivre est incrusté dans le dallage de la cathédrale Saint-Étienne de Bourges. Il passe dans les 3e et 4e travées avant d'arriver dans une petite chapelle collatérale, entre deux vitraux représentant le Sacré-Cœur de Jésus. À l'opposé, le méridien longe la colonne de la tour nord jusqu'à son sommet où l'on peut effectivement apercevoir le fil de cuivre pointant vers le ciel.

Il est à noter qu'avant de devenir roi de France, le Dauphin Charles avait déjà élu domicile à Bourges et avait fait frapper sa propre monnaie avec la mention : *Kar, Francorum rex*, Bitur (Charles, roi de France, Biturige). Nous savons que Bourges fut primitivement habitée par la tribu celtique des Bituriges Cubi. Or, Biturige signifie « Roi du Monde »[23] ; le nom d'Étienne quant à lui ne vient-il pas du grec stephanos, signifiant « couronné » !

Si l'on quitte Bourges et que l'on se dirige vers le sud de la France, le méridien passe tout près de Saint-Amand-Montrond qui est considérée par la plupart des géographes

---

[22] On retrouve aussi dans cette église un tableau de Vignon représentant « Le triomphe de Godefroy de Bouillon à Jérusalem ».

[23] Les Bituriges Cubi avaient adopté pour devise : « La suprême puissance appartient aux Bituriges ».

comme étant le centre exact de la France. Suivant les villes d'Aurillac et de Montsalvy (Mont du Sauveur !), le méridien de Saint-Martin termine sa longue course aux portes des Pyrénées, au village de Prats-de-Mollo-la-Preste, après s'être engouffré dans les gorges de Galamus où se situe l'Ermitage de saint Antoine (dont la fête est le même jour que pour saint Sulpice : le 17 janvier !). À la force de ses prières, celui-ci combattit le diable durant toute sa vie et c'est après l'avoir dompté qu'il le condamna à rester près de lui sous la forme d'un cochon sauvage.

Nous ne pouvons douter de la puissance de ces différents éléments qui symbolisent la Maîtrise totale sur les forces obscures dans le monde christianisé. Plusieurs grands saints sont armés pour le Combat afin de protéger la France des effluves spirituelles négatives qui tentent de s'infiltrer à tout moment sur son territoire.

L'axe méridien de Paris qui traverse la France du nord au sud n'est autre que la grande arme de Saint Michel… et saint Étienne est la couronne que le Christ veut recevoir en gage de fidélité à son Amour. Avant de mourir, le premier martyr de l'Église s'écria : *« Voici, je vois les cieux ouverts, et le Fils de l'homme debout à la droite de Dieu »*.[24]

---

[24] Actes des Apôtres VII, 56.

La Mosaïque du Midi (1840)
Histoire de deux bûcherons du Dauphiné

J.-J. Barrau, « La Mosaïque du Midi », 4e année (1840).

1456, vivaient dans le Dauphiné, non loin de Grenoble, deux familles de charbonniers, chez lesquelles le produit du labeur était la seule ressource, et la vie matérielle la conséquence rigoureuse du travail. C'étaient les familles Richaud et Bouillane.

Bien des fois, le pain manquait dans ces familles, alors surtout que les froids alpestres de la vallée de Quint empêchaient d'aller au bois faire la sache de charbon. Souvent, elles manquaient de vêtements pour se mettre à l'abri des vents glacés de la Savoie, les pauvres familles! et pourtant la plainte et le blasphème ne s'exhalaient jamais de leurs chaumières dégradées par la vétusté ; si noirs et si appitoyants que fussent ces frêles abris, la piété et la résignation y avaient pris asile ; et si le soir, à l'heure où le soleil se voile, il s'échappait de là quelques murmures indistincts et quelques paroles confuses, c'étaient des paroles de prières, des murmures de bénédiction. La religion est donc bien puissante, la doctrine de l'homme-Dieu est donc bien conciliatrice, pour faire ainsi oublier l'infortune et pour changer les blasphèmes en actions de grâces !

Cette conformité de sentiments et de douleurs avait uni par des liens indissolubles les chefs de ces deux familles si malheureuses et pourtant si résignées.

François Bouillane et Michel Richaud faisaient tout en commun ; entre eux pas une larme qui ne fût pleurée ensemble, pas un contentement qui ne fût partagé. Chaque matin, dès l'aube, ils se rendaient à la forêt, élevaient un même foyer, cuisaient un même charbon, et le soir, ils se retiraient tous deux à leurs chaumières, s'applaudissant en secret d'avoir fait une journée dont le produit pouvait alimenter leurs familles.

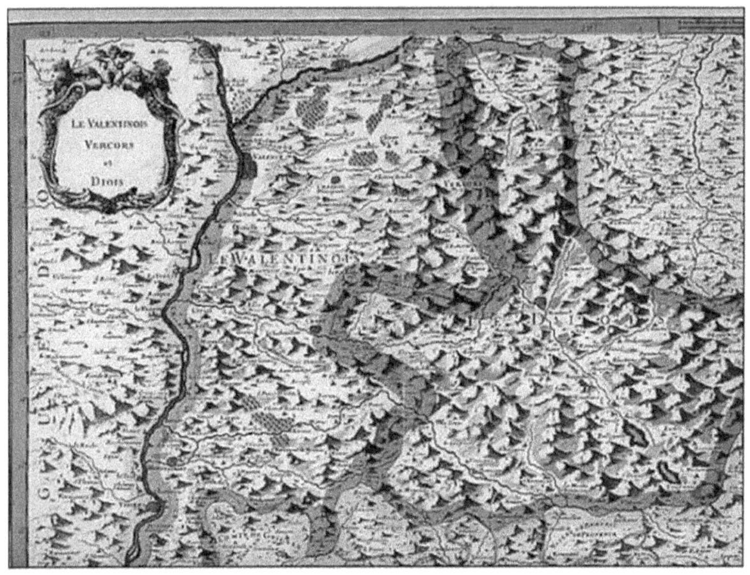

Or, un jour qu'ils étaient dans la forêt de Malatra, sur les pentes de la montagne d'Ambol, occupés à vaquer aux travaux de leur état, François s'était laissé aller à une de ces méditations profondes qui décèlent plus d'appréhensions pénibles que de pensées consolantes.

Richaud, attentif comme une mère sur la couche de son nouveau né, s'en aperçut bientôt et essaya tout d'abord de dissiper les nuages répandus sur le front de son ami.

– François, tu me cèles quelque chose ? lui dit-il avec inquiétude !

– Mais rien, répondit François en hésitant.

– Frère ! t'aurais-je dit une parole offensante ?

– Non, Michel.

– D'où vient alors que tu ne t'ouvres à moi comme par le passé. Je vois bien que tu n'as pas ton humeur naturelle, et je puis le comprendre ; la saison du travail est revenue, l'hiver s'avance, nous avons, grâce à Dieu, plus d'occupations qu'il ne nous faut toi et moi, pour faire vivre nos enfants.

– Nos enfants ! c'est vrai ; mais ceux qui sont à venir ?

– La Providence qui ne nous a jamais abandonné y pourvoira. Que veux-tu ?

– Écoute, Michel, reprit le charbonnier en interrompant son camarade, ma femme bien-aimée, la bonne Antoinette va devenir mère.

– Tant mieux, sainte Vierge !

– Pour la cinquième fois, frère !

– Qu'importe ?

– Antoinette travaille et me vient en aide pour alimenter mes marmots. Comment y pourvoirai-je, moi seul ?

– Toi seul, frère, qu'as-tu dit ? Et moi, morbieu, et moi ! me compterais-tu pour rien ? s'écria Michel offensé, comme un honnête homme qui s'aperçoit d'une méfiance.

– Oh ! non, calme-toi, Michel, mais tu vois que notre travail de tout un jour suffit à peine à notre subsistance.

– Nous travaillerons la nuit, François, toute la nuit, s'il le faut, et le ciel aidant, nous nous en sortirons.

Pour ajouter l'exemple au précepte, Michel redoubla de coups et acheva d'abattre un énorme chêne que les charbonniers sapaient depuis le matin. L'arbre en tombant fit un bruit saccadé, sourd, qui retentit dans la forêt de Malatra. Un cri pressé, strident, parti des massifs lui répondit.

Les deux charbonniers se redressèrent sur leurs haches et s'entreregardèrent avec effroi.

– Qu'est-ce ? se dirent-ils instantanément !

Nul ne put répondre à cette question. Mais un nouveau cri se fit entendre. Oh ! cette fois, toute une douleur humaine, toute une angoisse de mort était formulée par ce cri.

Michel et François n'hésitèrent point : ensemble ils se précipitèrent vers le lieu d'où il était parti. Bientôt ils découvrirent le malheureux qui venait de faire un appel si énergique aux êtres invisibles de la forêt. Un jeune chasseur, mis en gentilhomme, était là, acculé à un précipice, défendant opiniâtrement sa vie contre un ours démesuré, furieux, qui allait le dévorer. Encore une anfractuosité de rocher gravie, et l'homme devient la proie du monstre ! Le chasseur se défend vaillamment avec son couteau de chasse, mais blessé au flanc, l'animal en devient plus terrible, plus obstiné. Le jeune homme va périr ! Non ! Dieu lui réservait de grandes destinées.

Bouillane et Richaud ne calculent point l'étendue du danger; ils s'élancent vers l'ours, la hache levée, le regard en feu : un coup de Bouillane lui coupe la jambe ; ne pouvant plus se soutenir, la bête roule du haut du rocher dont elle allait atteindre le faîte. Les deux charbonniers eurent à peine le temps de se mettre par côté. Animé par ses deux blessures, le monstre est encore plus redoutable ; il se précipite sur Bouillane, la gueule ouverte, écumante ; Bouillane évitera-t-il cette atteinte ? Richaud vole vers lui ; prompt comme la foudre, il attaque l'ours, lui fait tourner la tête, et lui assène un coup si violent sur le crâne qu'il l'étend mort à ses pieds.

– Par Notre-Dame, s'écria le chasseur délivré, vous êtes de braves compagnons ; sans votre assistance généreuse, je servais aujourd'hui de venaison à ce diable d'animal.

– Vous ne savez donc pas, messire, que la forêt est peu sûre pour y être venu errer avec vous seul pour toute compagnie, répondit Michel.

– J'ignorais en effet !...

– Monseigneur n'est pas du Dauphiné, reprit François.

– Non… mais… je suis de la suite du Dauphin, et je me suis égaré en m'éloignant des autres pages durant la chasse.
– Mes amis, je vous suis reconnaissant pour tout jamais ; je me souviendrai de vous, mes braves, indiquez-moi, s'il vous plaît, le chemin, pour que je joigne le duc.

– Il est trop tard, sire page, vous ne le pourriez à présent. À quelques pas d'ici sont nos chaumières, bien pauvres en vérité, mais bien honorées si vous y acceptez l'hospitalité pour la nuit.

– Avec plaisir, mes bonnes gens ! allons !

Bouillane et Richaud reçurent leur hôte de leur mieux. Le lendemain, ils allaient prendre congé de lui pour revenir à leur besogne, quand le chasseur leur dit :

– Je vous prie de m'aider à porter l'ours au dauphin Louis, qui est au château de Beauvais ; il aura pour agréable ce cadeau de votre part.

La route fut vitement franchie par des compères aussi vigoureux que François et Michel. En chemin, ils s'entretinrent du prince Louis, à qui ils allaient présenter leurs baise-mains.

– Il est franc et ouvert, leur dit le gentilhomme ; il est de mon âge à peu près, de ma taille presque, et par saint Jacques de Compostelle ! il aime les francs-archers comme vous.

Ce disant, ils arrivèrent au château. Mais quel ne fut pas l'étonnement de nos deux charbonniers quand ils virent tous les seigneurs se presser respectueusement auteur de leur compagnon de route, lui parler de leurs craintes, de leurs douleurs, lui témoigner enfin des égards que les courtisans ne montrent qu'aux princes.

Ce gentilhomme était le Dauphin lui-même, et ce Dauphin était le fils de Charles VII ; plus tard, il devait se nommer Louis XI.

Oh ! monseigneur le Dauphin ! s'écrièrent les charbonniers en se jetant à ses pieds : notre gentil prince, pardon de notre peu de respect.

BLASON DE BOUILLANE ET RICHAUD.

– Qu'est-ce donc, mes libérateurs ! à genoux devant moi, vous qui m'avez sauvé ! Holà ! que l'on se lève et qu'on m'embrasse ! Voici deux braves hommes, mon argentier, continua Louis, après les avoir embrassés, vous leur compterez cent florins d'or à chacun.

– Monseigneur, le courage ne se paie point avec de l'or ; nous n'avons point, d'ailleurs besoin de récompense. Un service se doit toujours d'homme à homme, tel qu'il soit ! répondit fièrement un de ces montagnards.

– Vous avez, ma foi ! raison, dit le Dauphin, comprenant qu'il avait offensé la susceptibilité de ces hommes rudes, mais vertueux. Acceptez mes excuses, amis ; – d'intrépides charbonniers comme vous, qui joignent à leur courage des sentiments aussi délicats, sont dignes, à tous égards, de la chevalerie. Courbez-vous, mes braves hommes !

Dégainant l'épée, le Dauphin leur donna l'accolade en disant : *« Vous avez sauvé votre prince au péril de votre vie, votre prince à son tour vous fait chevaliers, vous déclare nobles, vous et vos hoirs ; vous êtes, à partir de ce jour, francs de tout vasselage, de toute tailles et corvées. – Or sus, messeigneurs de ma suite, reconnaissez François Bouillane et Michel Richaud pour preux gentilshonnes ! »*

Sur cet ordre du prince, comtes et barons ne dédaignèrent point de venir baiser aux deux joues les deux charbonniers enfumés. *« Voici mon épée, continua Louis ; à l'avenir, vous porterez le glaive en place de cognée, et pour armoiries de noblesse, je vous octroie de prendre un écu d'argent à deux épées croisées à la poignée desquelles sera attachée la patte emblématique de l'ours que vous avez si vaillamment occis ».*

De là l'écusson des Richaud et des Bouillane.

Bulletin de la société d'archéologie et de statistique de la Drôme

Tome XII, 1878

D'après la légende adoptée par Guy Allard, Albert du Boys, la Mosaïque du Midi, l'Armoriai du Dauphiné et l'Annuaire de la noblesse, deux bûcherons de la vallée de Quint, François Bouillane et Michel Richaud, sauvèrent d'une mort certaine un des princes souverains de Dauphiné, à la chasse dans la forêt de Malatra, sur les pentes d'Ambel. Les uns l'appellent simplement un Dauphin et les autres Louis, fils de Charles VII, plus tard, Louis XI. Quoi qu'il en soit de l'identité du chasseur, il se trouva soudain séparé de sa suite et poursuivi par un ours énorme.

« L'animal, blessé dans le flanc, cherchait à grimper le long d'une cheminée de rochers et il n'était plus qu'à une faible distance de son agresseur, en face d'un gouffre béant, quand les deux charbonniers arrivèrent, armés de leurs grandes haches. Bouillane frappa l'ours par derrière et lui coupa la jambe; puis il n'eut, ainsi que Richaud, que le temps de se mettre par côté, et l'animal féroce, ne pouvant plus se soutenir, descendit en roulant le long du rocher. Mais, arrivé en bas, il se débattait encore, en mugissant, quand Richaud s'approcha courageusement et lui asséna sur la tête un coup si violent qu'il l'étendit mort à ses pieds ».[25]

Le Dauphin, plein de reconnaissance, offrit de l'or à ses libérateurs; mais ils refusèrent avec fierté, en déclarant que le dévouement ne se payait pas. Le prince, ému, les embrassa, les fit chevaliers et leur donna pour armes d'azur

[25] Rodolphe de Francon ou une conversion au XVIe siècle, Tome XII, 1878.

à une patte d'ours d'or, mise en bande. La Mosaïque du Midi[26] veut que ce soit d'argent à deux épées croisées, avec une patte d'or à la poignée de chacune, sans indication d'émaux. Cette opinion, isolée d'ailleurs, est contredite par Chorier et Guy Allard, mieux au courant des armoiries dauphinoises.

L'Annuaire de la noblesse pour 1863 rapporte une tradition d'après laquelle Louis, dauphin, attribua à François de Bouillane la patte d'ours gauche mise en fasce et à Michel Richaud, la patte droite mise en bande. Toutefois, lorsqu'Osée de Bouillane fit enregistrer ses armes en 1697 et que Joseph de Bouillane, avocat au parlement de Grenoble, remplit la même formalité, ils prirent l'un et l'autre, suivant les indications de Chorier et de Guy Allard, d'azur à la patte d'ours d'or mise en bande (Annuaire de la noblesse, 1863).

L'histoire se tait sur l'événement légendaire et sur les exploits ultérieurs des deux bûcherons ainsi anoblis ; mais leur postérité se multiplia dans la vallée, pendant que de nombreux rejetons allaient s'établir ailleurs.

---

[26] Mosaïque du Midi, 1840, p. 363. — État politique du Dauphiné, t. III. — Dictionnaire historique et nobiliaire.

La famille De Bouillane et De Richaud dans la France protestante

MM Eugène et Émile Haag, La France protestante, Tome II, 2ième édition, 1879.

Très jalouses de leurs privilèges, qui consistaient essentiellement dans l'exemption de la taille, les deux familles eurent à lutter pendant plus de deux siècles contre des tentatives d'empiétements, sans cesse renouvelées, de la part des consuls de la vallée de Quint. Deux arrêts du Parlement de Grenoble (17 mars 1554 et 19 octobre 1641) donnèrent gain de cause aux Bouillane et aux Richaud. En 1744, un nouveau procès, intenté par les consuls et porté également devant la cour souveraine de la province, aboutit à un résultat inattendu.

Après une possession de plusieurs siècles, la noblesse des deux familles ne pouvait plus guère être contestée, mais leurs ennemis — c'est-à-dire tous ceux que leur exemption de l'impôt rendait jaloux — bien qu'appartenant eux-mêmes, pour la plupart, à la religion réformée, accusèrent les Bouillane et les Richaud d'avoir contrevenu aux édits royaux qui défendaient d'assister aux assemblées du Désert. Les juges entrèrent avec empressement dans cette voie nouvelle. Un arrêt de la Chambre des vacations du 6 novembre 1745 condamna par défaut aux galères perpétuelles et à la déchéance de noblesse, pour contravention aux édits et ordonnances du roi concernant la religion, Jean-Pierre de Bouillane, du hameau des Bonnets {Bull. VI, 90) ; à la déchéance seule, Jean de Bouillane, de St-Julien-en-Quint, — François-David de Bouillane, de Villeneuve, — David-Jean de Bouillane (fils de feu Antoine), des Bergers, — Paul de Bouillane, des Bailles, — Paul de Bouillane, des Bonnets, —

Jean-Pierre de Bouillane, dit Cousin, de Tourtres, — Matthieu, Noël et Claude (ce dernier fils de Jacques) de Bouillane. Vingt membres de la famille de Richaud furent aussi condamnés aux mêmes peines.[27]

« Grand fut l'étonnement, dit M. Lacroix, quand on vit tous les Richaud et tous les Bouillane privés de leur noblesse pour des faits particuliers et étrangers, lorsque les habitants de la vallée les plus assidus aux assemblées du désert n'étaient inquiétés en aucune façon. Cette partialité inquiéta les jeunes gens des familles poursuivies et la plupart quittèrent la contrée, les uns pour se faire soldats, les autres pour s'établir ailleurs ou même pour émigrer. »

Plus tard, une réaction favorable aux Bouillane et aux Richaud s'étant opérée, ils cessèrent d'être inquiétés pour leurs privilèges. Avant que la prescription trentenaire ne fût révolue, les condamnés de 1745 formèrent, le 6 octobre 1775, opposition à l'arrêt qui les avait frappés. Le procès dura plusieurs années et l'avocat Barnave (il s'agit probablement non du futur orateur de l'Assemblé constituante, mais de son père) fut choisi pour défendre les intérêts des deux familles. Il publia, en 1787, à l'appui des conclusions de ses clients, un mémoire développé qui contient le dépouillement d'un grand nombre d'anciens titres de famille.

On ignore comment l'instance se termina: il est probable qu'elle fut interrompue par les événements politiques. L'année suivante, lors des assemblées tenues pour la convocation des États généraux, seize Bouillane et vingt-neuf Richaud des élections de Montélimar, Valence et Vienne, se présentèrent à l'assemblée de Romans (10 septembre 1788), *« en habits de paysans, avec de vieilles rapières et un havresac contenant leurs parchemins et leurs provisions de voyage »*.

---

[27] Arnaud, Histoire des protestants du Dauphiné, III; 406; Haag X, 405.

La famille de Bouillane existe encore soit en France, où une branche établie à Montélimar, dans la magistrature, porte le nom de Bouillane de Lacoste, soit sur le territoire Genevois où plusieurs de ses membres se retirèrent au dernier siècle. C'est ainsi que dès 1685 on voit André Bouliane, de la vallée de Quint, recevoir un viatique de la Bourse françoise de Genève. Dans les minutes des notaires genevois, on trouve : Anne, fille de feu Jacques de Bouliane, de St-Julien en Quint, qui épouse, en 1723, Antoine Fauve, des environs de Die ; — Suzanne, fille de Pierre Boulianne, de La Baume, et de Marie Marquet, femme (1744) de Nicolas Früh, d'Appenzell, habitant de Genève ; — sa soeur Madeleine, femme (1766) de Jean-Antoine Ville ; — Jeanne, fille de Jean ou Jean-David de Bouillane et de Françoise Jaussaud, femme (1754) de David Faure, du diocèse de Die, demeurant à Châtelaine; — Jean, de Quint, (frère de Jeanne qui précède), marié en premières noces à Jaqueline Nublet et en secondes noces à Jeanne Granon, de Beaufort eu Dauphiné ; il eut, du premier lit, Jean-André, né aux Pâquis, demeurant à la Coulouvrenière (on trouve encore aujourd'hui dans ce quartier de Genève un « chemin du Clos-Bouillane »), mari, 1782, de Jeanne de Bouillane, née à Quint, fille de feu Claude et de Isabelle de Richaud, et reçu bourgeois de Genève le 6 avril 1791 avec André-Léonard son fils ; — Imbert de Bouillane (1762), marié à Anne Anton, dont il eut deux fils, nés à Genève, Jean-Imbert et Jean-Pierre ; — Jean-Pierre (fils de Jean-Pierre et de Benoite Fayole], natif des Pelats, hameau de St-Julien-en-Quint; marié, 1766, à Catherine Paris (fille de feu Jean et de Madeleine Favetier), née à Heusden en Hollande ; — Jean-Mathieu de Bouillane (fils de Noël), habitant aux Eaux-Vives, près Genève (1768, 1796); — Pierre-Louis, son frère, admis à la bourgeoisie de Genève le 9 avril 1791; — un autre Jean-Mathieu de Bouillane, fils de feu noble Jacques, de Quint, marié, 1725, à Catherine fille de feu Jean Arthaud de Macheny (ou de S. Sébastien de Macheny, comté de

Morges), eu Dauphiné. Celle-ci donne, étant veuve, procuration à maître J.-J.-B. Gosse, procureur au Châtelet de Paris, pour ses droits à la succession de feu Louis Arthaud, banquier à Paris. 1769.

Actuellement (1879), ce nom ne compte plus qu'un représentant à Genève, — et deux à Céligny dont l'un (Jean-Louis-Etienne, fils de Jacob), est maire de cette commune du canton de Genève.

D'autres réfugiés du même nom se retirèrent à Lausanne, notamment Judith, jeune fille de Valence, revenant de Schaffouse, assistée de 1696 à 1701, morte oct. 1701 ; — Jeanne, de Die, assistée, juin. 1689 – octobre 1691, se rend en Allemagne, assistée de nouveau avril 1692, janv. 1693; — Madeleine, du Dauphiné, assistée 1690, 1692-94, va aussi en Allemagne entre ces deux époques ; c'est peut-être la même Madeleine, de Valence, qu'on retrouve (Arnaud, III, 343) en 1698, à Magdebourg, veuve ; — noble Pierre, de la vallée de Quint, malade, assisté 1695-1700, mort le 14 avril 1701 ; — la femme de Pierre, assistée, 1690 ; — Etienne, de Quint, habitant au pays de Vaud, y épouse (1698), Bonne, fille de Jacques Faucon, de Bemolhon eu Dauphiné, dont il a Jeanne-Françoise, morte à Lausanne, octobre 1714; Jeanne, veuve Benoît, du Dauphiné, morte à Lausanne, sept. 1702; — Madeleine, femme de Dussiel de Nîmes, morte (52 ans) à Lausanne, janv. 1701.

Faute de connaître tant de menus et prosaïques renseignements, on parle encore aujourd'hui sur les rives du lac de Genève, comme autrefois dans les forêts du Dauphiné, des légendes ténébreuses et mystérieuses de la famille de Bouillane.

L'origine de la famille De Bouillanne

Première partie

Publié dans la Gazette de l'Ours,
No.47, 13 novembre 1999

En lisant les différents numéros de la « Gazette de l'Ours », de 1990 à nos jours, je me suis aperçu que les recherches sur nos origines se sont arrêtées à l'an 1245 et qu'elles semblent bloquées à ce fameux cartulaire de Léoncel. Cela est tout à fait normal, puisque nous n'avons pas réellement compris le sens de la légende. Jacques Bouillanne l'a écrit: *« Dans notre cas, la légende s'est emparée de l'histoire et lui a volé un événement bien antérieur ».*[28]

Mais qu'est-ce qu'une légende ? Une légende est un récit qui relate un fait réel très ancien, souvent déformé par le temps et par l'imagination populaire. Il faut donc découvrir la vérité qui se cache sous le symbole et l'allégorie. C'est ce que nous tenterons de faire.

Selon moi, le personnage du Dauphin est un élément qui s'est ajouté tardivement à notre récit, sans doute vers le XVe siècle. Comme l'a si bien expliqué Michel Wullschleger, le fils de Charles VII chargea un de ses conseillers de rédiger le « registre delphinal » qui tenait à ses yeux de « bréviaire des anciens droys, honneurs et prérogatives du Dauphiné » : *« Il y eut donc comme une seconde reconnaissance des titres de noblesse en Dauphiné accordée par le futur Louis XI, c'est-à-dire par un des grands rois de notre histoire (...). Peut-être cette sorte de transport de la noblesse delphinal,*

[28] Gazette de l'Ours, No. 28, 15 novembre 1994

après celui du Dauphiné explique-t-il la place tenue par Louis dans la mémoire collective et dans la légende ».[29]

Cette fixation sur le Dauphin nous a conduit sur deux mauvaises voies.

La légende dit que nos deux héros (peut-être sont-ils les fils d'un seul héros!) ont sauvé des griffes d'un ours blessé un haut personnage. Pourquoi ce haut personnage serait-il Louis II, fils de Charles VII ? Pourquoi ne s'agirait-il pas de Louis II, fils de Charles le Chauve ? Voilà qui serait intéressant!

Notre héros n'aurait pas sauvé Louis des griffes d'un ours « animal », mais bien d'un ours « humain », c'est-à-dire Bernard II Plantevelue, marquis de Gothie.

Bernard Plantevelue, c'est Bernard « Patte Velue »... autrement dit Patte d'Ours ! Celui-ci fomenta une révolte contre Louis II le Bègue et entraîna à sa suite une bonne partie de la noblesse occitane, dont plusieurs membres de sa famille. Parmi ceux-ci on retrouvait le comte de Roussillon Miron, le comte de Barcelone Wilfred le Velu (décidément!) et le vicomte de Nîmes Ursus (« ours » en latin).

En 879, plusieurs des insurgés abandonnèrent Bernard II de Gothie dans sa révolte personnelle. D'autres changèrent tout simplement de camp et défendirent Louis II avec autant de vigueur. C'est probablement ce que fit Ursus lorsqu'il s'associa avec le nouveau roi de Provence et de Bourgogne, Boson.

Plusieurs documents confirment l'existence de cet Ursus et il est possible que les familles Bouillanne et Richaud descendent de ce dernier. C'est ce que j'essaierai de démontrer lors de prochains articles.

---

[29] Gazette de l'Ours, No. 28, 15 novembre 1994, p. 1

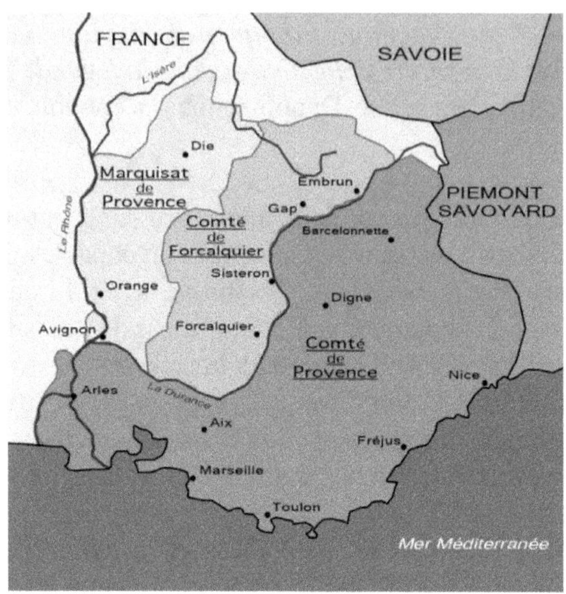

Il y a une autre raison pour laquelle il était impossible, jusqu'à maintenant, de trouver des documents authentifiant l'ancienneté de notre lignage. C'est qu'en 1245, le Valentinois et le Diois ne faisaient pas partie du Dauphiné, mais bien du Marquisat de Provence, et ce marquisat appartenait aux comtes de Toulouse.

En 1125, Raimond-Béranger III, comte de Barcelone et époux de Douce de Gévaudan (descendante de Boson), et Alphonse Jourdain, comte de Toulouse et époux d'une autre héritière, Étiennette, se partagèrent la Provence. Le premier reçu les terres entre Rhône, Durance, Alpes et la mer, le deuxième les terres au nord de la Durance, Avignon et quelques villes restant indivises.

Lorsque Raymond VII mourut le 27 septembre 1249, le comté de Toulouse et le marquisat de Provence devinrent l'apanage d'Alphonse de Poitiers et de Jeanne son épouse, fille de Raymond VII. Le Valentinois et le Diois ne furent annexés au Dauphiné que vers les années 1419 et 1426.

Donc, si nous voulons trouver des documents antérieurs au XIVe siècle concernant notre famille, il nous faut nécessairement chercher dans les archives des comtes de Toulouse et non dans celles des Dauphins de Viennois.

Si je n'étais pas si loin de Paris, je me rendrais immédiatement aux Archives Nationales de France. Mais étant présentement dans cette impossibilité, j'invite donc tous ceux et celles qui désirent poursuivre les recherches à prendre contact avec le Conservateur en chef responsable du CARAN, M. Henri Zuber. Celui-ci m'a fait parvenir la quote de plusieurs documents que nous devrions consulter.

Monsieur Zuber nous suggère de prendre connaissance du résultat du dépouillement des fichiers et inventaires des Archives Nationales de France : nous pouvons y trouver dans les séries P et PP des inventaires spécifiques à la Chambre du Languedoc pour les années 1307 à 1786, dans la série 0/1, J et JJ des éléments relatifs aux comtes de Provence et de Toulouse. De plus, il nous engage à consulter en salle des inventaires du CARAN les microfilms du fichier Douet d'Arcq qui nous permettront de retrouver par les noms de personnes et de lieux des éléments susceptibles de nous intéresser. Ce fichier regroupe les séries J, K, L et M et son classement est alphabétique.

À partir de la consultation de ces sources, il nous appartiendra de procéder à l'examen de ces cartons pour y retrouver éventuellement la trace des documents qui nous intéressent. En ce qui concerne les Bouillanne, j'invite les chercheurs éventuels à scruter les noms de Bolanicis, de Boilanicis, de Abolen et même de Bollo. J'expliquerai pourquoi ultérieurement. Dans l'intérêt de tous, les découvertes qui seraient réalisées lors de telles recherches devraient être communiquées et publiées dans les plus brefs délais.

Voici la quote des documents à consulter :

P – CHAMBRE DES COMPTES DE PARIS :

P580 à 598. Languedoc. Transcrits d'hommages et aveux et de dénombrements. 1307-1670.

P1143. Languedoc. Inventaire d'hommages et aveux. 1389.

P1114 à 1152. Languedoc. Inventaire d'hommages et aveux expédiés par la Chambre de Languedoc. 1419-1650.

PP ANCIENS INVENTAIRES DE LA CHAMBRE DES COMPTES :

PP45. Inventaire des hommages et aveux de la Chambre de Languedoc. 1374-1662.

PP46. Inventaire des hommages et aveux de la Chambre de Languedoc, faisant suite au précédent, 1618-1786.

J LAYETTES: GOUVERNEMENTS :

J303 à 330b. Toulouse I-XXI (ancien coffre): comtes de Toulouse, Alphonse de Poitiers et leurs domaines et vassaux; croisade contre les Albigeois et traité de Paris de 1229; diverses régions du Languedoc. (767) 1080-1353 (1432).

J SUPPLÉMENT 1: GOUVERNEMENTS :

J877-878 à 880. (877) Titres extraits des archives de la sénéchaussée de Toulouse, 1396-1415 (1702).

J890. Notamment: Simon et Amaury de Montfort, comtes de Toulouse; Figeac. 1209-XIVe siècle.

SÉRIE J TRÉSOR DES CHARTES :

JJ13. Cartulaire (milieu XIIIe siècle) concernant la croisade contre les Albigeois et l'administration du comté de Toulouse sous Simon et Amaury de Montfort. (100Nos). 1209-1222 et 1224.

0/1 MAISON DU ROI :

0/13785 à 3789. Maison des enfants du Dauphin, petit-fils et petites-filles de Louis XV: duc de Bourgogne, duc d'Aquitaine, duc de Berry puis Dauphin (Louis XVI), comte de Provence. 1753-1792.

Deuxième partie

Publié dans la Gazette de l'Ours, No.48-49, 15 février 2000

Il y a quelques années, lorsque je découvris par hasard que notre famille possédait un blason, j'en tirai une singulière fierté. D'autant plus que l'ours en tant que symbole désigne à lui seul l'ancienneté du nom et de la noblesse. Dans le domaine celtique, cet animal était considéré comme l'emblème de la classe guerrière et s'opposait au sanglier, symbole de la classe sacerdotale. D'ailleurs, dans les romans de la Table Ronde, le nom du roi Arthur provenait de la racine galloise « arth », signifiant « ours ». C'est la raison pour laquelle la constellation de la grande ourse était jadis appelée le « Chariot d'Arthur ».

À l'époque des légendes arthuriennes, un peuple venu des lointaines steppes d'Asie franchissait le Danube et allait devenir maître d'un vaste royaume dans le sud-ouest de la Gaule et dans une grande partie de l'Espagne: les Wisigoths ou Goths savants. Or, les Goths portaient l'ours sur leurs étendards et leurs boucliers, et ils se désignaient eux-mêmes comme étant les « fils de l'ours ».

Au cours de mes recherches, j'eu le plaisir de lire des dizaines et des dizaines de livres couvrant une très large période de l'histoire de l'humanité, et une des épopées qui a le plus touché ma sensibilité est celle qui relate l'insurrection de Bernard Plantevelue contre Louis II le Bègue, fils de Charles le Chauve. À ce moment, tout ce que je réussis à trouver sur le sujet se résumait en un seul paragraphe, mais déjà à la lecture de ces quelques lignes, un sentiment étrange m'envahit comme si l'écho d'un souvenir lointain résonnait en moi. Cela pourra paraître curieux au lecteur, mais j'avais l'impression d'avoir été présent lors de cette bataille cruciale pour la légitimité du trône. C'est une sensation qui ne s'explique aucunement par le verbe… c'est plutôt une question de vibrations.

Un des personnages qui combattait aux côtés de Bernard de Septimanie se nommait Ursus, c'est-à-dire « Ours » en latin. Cela touchait mes cordes sensibles, mais je ne pouvais savoir si ce personnage avait réellement existé ou si ce n'était qu'une fiction, créée de toutes pièce par un écrivain mythomane.

J'eu la chance, lors de mon second voyage en France, de me faire remettre un précieux document réunissant plusieurs tableaux généalogiques et portant le titre suivant : Dossiers Secrets d'Henri Lobineau.[30] Quelle ne fut ma surprise d'apercevoir le nom d'Ursus à la planche No. 2 de ce dossier et ma joie s'intensifia encore lorsque je constatai que le petit-fils présumé de cet Ursus possédait un blason semblable au nôtre: *« De gueules à une patte d'ours d'or »*. Mais ces « Dossiers Secrets » avaient-ils une valeur historique ou n'était-ce qu'une autre plaisanterie? Cet Ursus qui évoque par son nom un personnage de légende, pouvait-il avoir eu une existence réelle et concrète?

Mes doutes s'estompèrent lorsque je pris connaissance de certains ouvrages dont le sérieux et l'intégrité de leurs auteurs ne pouvaient être mis en cause. Les premiers d'entre eux, les dominicains Dom Devic et Dom Vaisette, mentionnent la présence d'Ursus lors d'une renonciation qu'il fit en 885 avec son beau-frère Théodoric des biens que le feu comte Eckard avait donnés au monastère de Fleury-sur-Loire.[31]

---

[30] Bibliothèque Nationale de France, Tolbiac – Haut-de-jardin – P88/1867.

[31] Histoire générale de Languedoc, Édouard Privat Libraire-Éditeur, Toulouse 1872, t. II, pp. 278-279, note rectificative.

D'autres auteurs affirment pour leur part que le prince Ursus était l'époux de Berthe, soeur du comte Hucbaud, beau-frère de Béranger le Vieux, Roi d'Italie, et gendre de Gisèle, petite-fille de l'Empereur Charlemagne.[32] L'auteur anonyme de l'histoire de la translation des reliques de saint Baudile va même jusqu'à préciser qu'il était vicomte de Nîmes:

« Cum principe Urso, quem comes vice sua misit, celeriter urbem Nemausum adierunt »[33]

L'existence du prince Ursus n'est donc plus à démontrer puisqu'elle s'appuie sur des textes de première source. Mais se pourrait-il, comme je l'ai suggéré dans mon précédent article, que les De Bouillanne et De Richaud descendent de ce fameux personnage ? La similitude entre le blason du prince et ceux de notre famille peut-elle être considérée comme un indice probant à cette hypothèse ? N'objectons pas que la couleur des écus est différente car nous savons très bien que les blasons, tout comme les noms de famille d'ailleurs, se modifient sans cesse au fil des siècles et que parfois ils se transforment tant qu'on n'en reconnaît même plus l'origine. La meilleure preuve que je puisse fournir dans l'immédiat est illustrée à la page 373 de la Mosaïque du Midi de 1840 où l'on retrouve un blason passablement différent de ceux que l'on a l'habitude de voir.[34]

Déjà dans son Armorial Général, J-B Rietstap nous donne deux versions du blason des Bouillanne. Pour les uns la patte d'ours est posée en bande, pour les autres elle est

---

[32] Chenaye-Desbois et Badier, Dictionnaire de la noblesse, 3e édition, Schlesinger frères Libraires-Éditeurs, Paris 1865.

[33] Abbé Lebeuf, Histoire d'Auxerre, nouvelle édition, t. 1, p. 206.

[34] « D'argent à deux épées croisées avec une patte d'ours à la poignée de chacune ».

posée en fasce, tandis que pour les Richaud la patte d'ours d'or est posée en bande, les ongles en bas.

Nous n'avons maintenant qu'à comparer ces blasons avec ceux qui sont représentés sur l'en-tête de lettre de notre association pour constater les différentes transformations qui ont été opérées.[35]

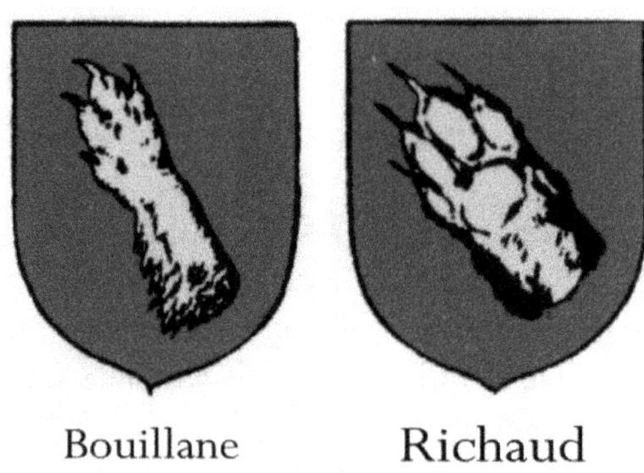

Bouillane Richaud

Selon Borel D'Hauterive la famille de Richaud se divisa en de multiples branches, dont celle des seigneurs de Gastaud, établie en Languedoc, et maintenue noble en 1699; la branche de Préville et de La Chaumette, établie en Béarn, et qui remonterait sa filiation à la fin du XVIIe siècle; ainsi que la branche des seigneurs de Servoules en Provence.[36] Maintenant observons un peu la transformation des blasons de cette même famille:

PRÉVILLE : « d'azur à une patte d'ours d'or, posée en barre. »

GASTAUD : « d'argent à la fasce d'azur; au lion d'or, couronné à l'antique du même, brochant sur la fasce et surmonté de trois étoiles mal-ordonnées de gueules. »

---

[35] J-B Rietstap, Illustrations to the Armorial général, Heraldry Today, Londre 1967.

[36] Armorial général, Société de Sauvegarde Historique, Lyon.

Les seigneurs de SERVOULES quant à eux auraient porté sur leur blason: « de gueules au lion d'argent. »

Dans le même ordre d'idée, plusieurs indices laissent croire que la famille de Bologne en Dauphiné tire son origine à la même source que celle des Bouillanne et des Richaud. Elle avait formé trois branches; celle des seigneurs d'Alençon, celle des seigneurs de Salles et de Cerson-les-Grignan, et celle enfin qui s'éteignit vers l'an 1600 en la personne de Claire De Bologne mariée avec Benoît Faure, seigneur de La Roche-Saint-Secret de la ville de Valréas, dont les descendants ont conservé le nom et les armes de Bologne.[37]

Bologne Alanson

Encore une fois nous retrouvons trois blasons différents pour cette même famille. Selon Rietstap les Bologne-Alençon portaient: « d'or à une patte d'ours de sable, posée en bande, montrant le dehors et chargée de six besants d'or, 3, 2 et 1 », tandis que pour Pithon-Curt, les De Bologne portaient un blason similaire, à cette seule nuance que l'écu était d'argent et que la patte d'ours était posée en pal. Pour Rietstap enfin, les De Bologne portaient au contraire: « d'azur au griffon d'or; au chef de gueules, chargé de trois étoiles d'argent ».

Je terminerai ici mon exposé en donnant un autre exemple qui soulignera une fois de plus l'importance des correspondances et des transformations au sein de notre famille.

---

[37] Jean-Antoine Pithon-Curt, Histoire de la Noblesse du Comté-Venaissin, d'Avignon et de la principauté d'Orange, dressée sur les preuves, [1743], dédiée au Roy, Laffitte Reprints, Marseille 1970.

Le 26 septembre 1583, Marguerite De Bologne épousa Maurice De Gardon. Leur fils Claude De Gardon, seigneur de Châteauneuf, prit le nom De Bologne et commanda la noblesse du Vivarais. Il conserva la patte d'ours sur son blason, mais ce dernier se présentait désormais d'une manière totalement différente: « Au 1 d'azur à un chien couché d'or; au chef de gueules, chargé d'un croissant du second; au 2 d'argent à la patte arrachée de cinq onglons de sinople, chargé de six besants d'argent, 3, 2 et 1 ».

Détenons-nous ici une part importante de la vérité ? Tenons-nous ici une preuve tangible que la famille De Bouillanne et De Richaud descend de ce mystérieux Ursus ?

Le mieux que nous puissions faire ce sont des conjectures entre les dates, les noms et les événements. Pour ma part, j'ai tenté de faire une étude comparative par le truchement de la science héraldique. Si les Dossiers Secrets d'Henri Lobineau disent vrai, rien n'interdit alors que nous soyons petit-fils et petite-filles de cet ours royal puisque le meuble héraldique, comme nous l'avons vu, se transmet de génération en génération au sein d'une même lignée, même s'il se modifie considérablement au fil des siècles.

Dans un prochain article je raconterai l'épopée du prince Ursus et sa participation à l'insurrection contre Louis II le Bègue en 877. Nous verrons quelles étaient ses origines et quel lien historique il pouvait avoir avec la descendance des De Bouillanne et De Richaud. N'ayons pas peur de repousser les limites du temps car *« si l'anoblissement était déjà ancien en 1245, alors toutes les suppositions seraient permises ».*[38]

---

[38] Michel Wullschleger, Bouillanne et Richaud: légende ou histoire, in: La Gazette de l'Ours, No. 28, novembre 1994, p. 6.

Un combat entre un ours blessé et un prince nommé Louis

Publié dans la Gazette de l'Ours, No. 50, 13 août 2000

« La légende est une image transfigurée de l'histoire » (S. de Madariaga).

Remercions nos aïeux de nous avoir transmis la légende de l'ours de Malatra, car malgré ses nombreuses lacunes, c'est elle qui nous rassemble aujourd'hui et qui nous permet de rechercher la véritable origine de nos ancêtres De Bouillanne et De Richaud. Cette légende est le vecteur par lequel nous gardons le souvenir d'un événement lointain et qui se *« perd dans la nuit des temps »* [39] Soyons-en fiers car *« l'histoire de nos deux familles est assez édifiante pour avoir donné naissance à une légende »*,[40] ce qui n'est pas peu dire.

Mais comme toute tradition orale, celle-ci est formée d'éléments composites que nous devons replacer dans leur contexte historique et temporel. Il est de plus en plus clair que nos « deux héros » n'ont pu sauver le futur roi Louis XI d'un ours régicide, *« en tout cas, on a peine à imaginer aujourd'hui, que le fils du roi de France et son héritier ait pu se trouver isolé au cours d'une partie de chasse conduite dans un lieu sauvage et dangereux »*.[41] La légende du dauphin s'est certainement imposée à nous lorsque le Valentinois et le Diois furent annexés au Dauphiné vers les

---

[39] M. Ulysse de Richaud, Chevalier de l'Ordre des Palmes Académiques.

[40] Robert Hugonnard, Pour en finir avec Louis XI, in : la Gazette de l'ours, No. 28, nov. 1994, p.2.

[41] Michel Wullschleger, Bouillanne et Richaud : légende et histoire, Op. cit., p. 7.

années 1419 et 1426. Avant cette date, ces deux comtés faisaient partie du Marquisat de Provence et furent successivement l'apanage des comtes de Toulouse et des comtes de Poitiers.

Alléguant que le plus ancien document que nous ayons et qui relate la présence d'un dénommé Umberto de Bollana est une charte du Cartulaire de Léoncel datant du 21 septembre 1245, nous avons identifié un peu hâtivement le grand personnage de la forêt d'Ambel à Guigues VI ou à son fils Guigues VII, dauphin du Viennois. Pour ma part, je crois plutôt qu'il y eut confusion entre le dauphin Louis II, fils de Charles VII et son homonyme Louis II, fils de Charles le Chauve.

En effet, à la mort de ce dernier en 877, une révolte éclata dans tout le royaume carolingien qui mit en péril l'accession au trône de Louis le Bègue. Le foyer de cette rébellion se situait aux confins de la Septimanie et elle était dirigée par un des hommes les plus importants de son époque : Bernard II Plantevelue, marquis de Gothie. Mais pour bien comprendre les mobiles qui poussèrent ce marquis à la révolte, nous devons reculer plus loin dans le temps et retrouver le germe de la vengeance que lui insuffla les injustices subies par ses ancêtres au cours des âges.

Dans « Histoires d'amour de l'histoire de France »,[42] Guy Breton nous fait une révélation bien étonnante. Il nous apprend, contrairement à tout ce qu'on peut lire dans les manuels d'histoire, que Louis II le Bègue est ni plus ni moins que le cousin bâtard de Bernard II Plantevelue ! À peine cinq mois après le décès de l'impératrice Ermengarde, Louis le Pieux épousa sa maîtresse, l'israélite Judith, fille du

[42] Guy Breton, Histoires d'amour de l'histoire de France, Tome 1, éd. Noir et Blanc, Paris 1955.

comte bavarois Welf. L'empereur ne se doutait point que sa jeune épouse était aussi la maîtresse de son meilleur ami, Bernard de Septimanie, le propre grand-père de notre insurgé. Or un jour, elle sentit « tressaillir dans son sein le fruit de ses amours coupables »[43] et, en 820, elle mit au monde un gros garçon qui fut baptisé Charles ; le futur Charles le Chauve.[44] Neuf ans plus tard, de graves accusations commençaient à circuler à l'encontre de Judith et en 833 l'empereur eut à subir la pire des humiliations.

Louis le Pieux doit s'humilier dans une église de Soissons, en habits de pénitent.

Le 30 juin fut la tragédie du Champ du Mensonge (près de Colmar) : le souverain se rendit à son fils Lothaire. Il fut enfermé à Saint-Médard de Soissons et se prépara à comparaître en pénitent devant un tribunal présidé par Ebbon, archevêque de Reims. *« Dominés par la forte personnalité d'Agobard, les*

[43] Thégan, Vie et gestes de Louis le Débonnaire.
[44] Guy Breton souligne bien que Charles le Chauve naquit en 820 et non en 823, « comme l'indiquent, par erreur, tous les manuels d'histoire de France » (Op. cit., p. 53, No. 1).

évêques, après avoir obtenu de l'empereur une confession écrite préparée à l'avance et l'aveu de son abdication, prononçaient sa déchéance et le réduisaient au régime de captivité imposé aux pécheurs publics. De ce fait, Lothaire devenait légitimement empereur en vertu de l'acte de 817 ».[45]

Louis le Pieux fut plus tard réhabilité, mais le mal était fait. Portées par le haut Clergé de l'époque, ces accusations d'adultère sont difficilement réfutables et un jour, comme il se devait, Charles apprit qu'il n'était pas le fils de l'empereur. Fou de rage, il fit arrêter son père naturel, le fit juger par ses pairs et condamner à être décapité pour crime de rébellion et pour excès de pouvoir. Bernard de Septimanie mourut assassiné en 844.

Cela aurait pu suffire à ce que Bernard II Plantevelue veuille se venger de Charles le Chauve mais non content d'avoir fait assassiner son grand-père, ce dernier fit exécuter l'oncle et le père du marquis de Gothie, eux aussi pour crime de rébellion. Cette fois la coupe était pleine. Notre héros décida de soulever le Languedoc et de faire la guerre à celui qu'il considérait comme un bâtard et un usurpateur. Ne devenait-il pas le prétendant légitime en tant que descendant direct de Dagobert II et de son épouse Gisèle de Rhedae, nièce du roi Wisigoth Wamba ?[46] C'est ce que l'histoire semble vouloir nous faire comprendre.

Il rassembla donc autour de lui les grands du royaume dont plusieurs membres de sa famille. On retrouvait parmi les conjurés son frère Emenon, ses oncles maternels Goslin et Gosfrid, ainsi que ses cousins Wilfred le Velu et Miron son frère. Un autre personnage pour le moins nimbé de mystère participa à cette insurrection. Les chroniques du

---

[45] Jean Décarreaux, Moines et Monastères à l'époque de Charlemagne, Librairie Jules Tallendier, Paris 1980.

[46] NdA : J'expliquerai l'hypothèse de la survivance mérovingienne lors d'un prochain article.

temps le désignent sous le nom de Ursus, vicomte de Nîmes et les « Dossiers secrets d'Henri Lobineau »[47] le font descendre de Bera II, comte de Razès, lui-même descendant du roi mérovingien par Guilhem de Gellone.[48] Ursus était donc le cousin germain du marquis de Gothie.

Charles le Chauve rendit l'âme en 877, laissant à son fils la conduite du royaume. Comme la conjuration lui faisait appréhender de n'être pas généralement reconnu pour son successeur, et qu'il voulait s'attacher ceux qui étaient demeurés fidèles, il disposa en leur faveur de divers fiefs et de plusieurs dignités vacantes, ce qui n'était pas pour calmer les ardeurs des insurgés qui se plaignirent hautement que cette disposition faisait préjudice aux héritiers de ceux qui les avaient occupés auparavant. Ils refusèrent, sous ce prétexte, de reconnaître le roi et de lui obéir.

Louis fut informé de ce refus à Compiègne où il s'était rendu. Il apprit en même temps que l'impératrice Richilde, sa belle-mère et sœur du duc Boson, était d'intelligence avec les conjurés qui s'étaient avancés jusqu'à Avenay en Champagne après avoir ravagé diverses provinces dans leur marche. Louis écrivit à Hincmar, archevêque de Reims, pour lui demander conseil. Ce prélat lui répondit par une longue lettre dans laquelle il lui conseille d'envoyer incessamment des députés au duc Boson, à Bernard comte d'Auvergne, à Bernard marquis de Gothie et aux autres conjurés, pour leur proposer de choisir un lieu commode pour une diète générale, où l'on tâcherait de les satisfaire sur leurs griefs, et où l'on prendrait ses moyens convenables pour pacifier le royaume et faire observer exactement les articles qui avaient été arrêtés dans l'assemblée de Kiersi.

---

[47] Les dossiers secrets d'Henri Lobineau, Bibliothèque nationale de France, 4• Lm249, pl. No. 2.

[48] Louis Fédié, Rhedae, la cité des chariots, réédition partielle de l'ouvrage paru en 1880, éd. Association Terre de Rhedae, Quillan 1994.

Hincmar écrivit en même temps à l'abbé Goslin, Chancelier de France, l'un des chefs de la révolte et oncle de Bernard marquis de Gothie, pour l'exhorter à se reconnaître et à faire rentrer ce seigneur dans son devoir, aussi bien que Gosfrid, comte du Maine, son frère, qui était aussi du nombre des conjurés. Mais tous les soins qu'il se donna auprès de Goslin furent inutiles. Il paraît qu'il fut plus heureux à l'égard d'une partie des rebelles qui, s'étant assemblés en un lieu appelé Mont de Vitmar, envoyèrent faire des propositions de paix à Louis. Ce prince les écouta volontiers et après quelques négociations, la plupart prirent le parti de se rendre à Compiègne avec l'impératrice Richilde, qui remit au roi les ornements royaux avec l'acte par lequel l'empereur Charles le Chauve, son père, avait disposé avant sa mort de tous ses États en sa faveur.

Louis ayant promis solennellement à tous les grands du royaume, tant ecclésiastiques que séculiers, de les maintenir dans leurs honneurs, dignités et privilèges, fut couronné dans le même palais de Compiègne, le 8 décembre 877, par Hincmar, archevêque de Reims. Mais le marquis de Gothie ne pouvait se résigner et se soumettre à cet homme qu'il considérait comme son propre vassal. Animé par l'esprit de vengeance il persista dans sa révolte afin de chasser l'usurpateur et de rétablir sa dynastie sur le trône de ses ancêtres.

Peu de temps après la paix de Boson, il se saisit de Bourges, défendit l'entrée de la ville à Frotaire, qui en était alors archevêque et usurpa les biens de l'église, exigeant de ses vassaux un serment de fidélité contraire à celui qu'il devait lui-même à son roi. Après avoir engagé dans son partie Emenon, son oncle paternel, Gosfrid, son oncle maternel et les fils de ce dernier, Bernard commit divers ravages dans le Berry et entraîna dans sa révolte toute la Septimanie.

Cette province fut exposée d'un autre côté aux brigandages de Miron, comte de Roussillon, et de Wilfred son frère, qui abandonna le cloître où il avait embrassé la profession monastique et reçut le diaconat. Ces deux seigneurs s'emparèrent, soit par adresse, soit par force, de toutes les places fortes ; ils en chassèrent la plupart des ministres des autels, leur substituèrent des personnes indignes et disposèrent à leur gré de tous les bénéfices ecclésiastiques. Lindoin, vicomte de Narbonne qui s'était associé à eux, ne causa guère moins de maux dans le diocèse de cette ville ; il bannit les curés et les prêtres de leurs églises, et usant d'un pouvoir despotique, il donna leurs bénéfices aux créatures de Miron.

Pour comble de malheur, les officiers du marquis de Gothie, sous prétexte de s'opposer aux entreprises de ce comte et de ses complices, achevèrent de ruiner le pays, en sorte que la province fut réduite à la dernière désolation.

Ce fut sans doute durant le séjour que le pape Jean VIII fit à Arles, qu'informé des violences que Miron, Wilfred, son frère et Lindoin, vicomte de Narbonne, exerçaient dans la Septimanie, il écrivit une lettre dans laquelle il menace le premier de l'excommunier s'il ne répare incessamment les maux qu'il avait causés et lui ordonne de se rendre à Lyon pour présenter ensuite au concile général qu'il avait dessein de tenir, et y rendre compte de sa conduite. Quant à Wilfred, il lui enjoint de rentrer au plus tôt dans son monastère pour y expier par la pénitence ses fautes passées, à moins que, sûr de son innocence, il ne voulût se trouver au concile pour s'y purger des crimes dont il était accusé. Il lui déclare enfin qu'en cas de désobéissance, il ne pourrait s'empêcher de l'excommunier.

Il y a lieu de croire que Miron, Wilfred et Lindoin firent des réflexions salutaires sur la lettre qu'ils avaient reçue du pape et qu'ils tinrent une conduite plus sage. Il ne paraît pas qu'ils aient été excommuniés, ni même menacés d'excommunication. Nous voyons au contraire que Miron conserva encore longtemps après le comté de Roussillon.

Le pape se rendit quelques temps après à Lyon où il écrivit au roi Louis le Bègue pour le prier de lui assigner une ville où ils puissent conférer ensemble. Le roi le fit prier de se rendre à Troyes, où il espérait aller le rejoindre dans peu. Alors Jean VIII convoqua dans cette ville, pour le 1er août 878, un concile national de tout le royaume et écrivit une lettre paternelle à Bernard, pour l'engager à réparer les maux qu'il avait faits à Frotaire et à l'église de Bourges dont il déclare qu'il ne peut se dispenser de prendre la défense.

La marquis tâcha d'excuser sa conduite, et répondit au pape qu'il ne s'était emparé de la ville de Bourges que pour prévenir le dessein qu'avait Frotaire de la livrer aux ennemis du roi. Mais ce n'était qu'un vain prétexte et le pape, persuadé de l'innocence de l'archevêque, écrivit une seconde fois à Bernard pour le sommer de se rendre au concile pour y être jugé tant par l'autorité des canons et des lois civiles que par celle du roi qui devait s'y rendre incessamment. Ayant refusé de comparaître, quoique cité deux fois par le pape et une fois par le roi, on prononça contre lui une sentence d'excommunication, comme atteint et convaincu d'avoir usurpé les biens de diverses églises, et en particulier celle de Bourges, d'en avoir chassé l'archevêque Frotaire et d'être rebelle au roi.

Abandonné de tous, Bernard II Plantevelue rassembla ses derniers partisans et alla se réfugier dans le comté d'Autun, d'où il mit tout le pays à contribution. Sa fin approchait inexorablement.

Pendant ce temps, à l'exemple de Pépin le Bref qui se fit sacrer à deux reprises sous les pontificats de Zacharie (751) et de Étienne II (754), Jean VIII profita de son séjour à Troyes pour couronner Louis le Bègue, le 7 septembre 878. Non seulement ce geste consistait à affermir le pouvoir du roi, mais il avait pour but de l'innocenter des accusations portées contre son aïeul quarante-cinq ans auparavant. Désormais, Louis II pouvait régner en toute légitimité.

Il ne restait qu'à réprimer définitivement la révolte de Bernard et, résolu de le réduire à néant, Louis II fit marcher contre lui toute son armée sous les ordres de Louis, son fils aîné, de Bernard, comte d'Auvergne et nouveau marquis de Gothie, d'Hugues l'abbé, marquis d'Outre-Seine, de Boson duc de Provence, et Thierry, beau-père du vicomte de Nîmes. Ursus lui-même participa très certainement à ce combat ; le contraire serait des plus douteux.

L'armée de Bourgogne finissait de remettre le comté d'Autun sous l'obéissance du roi Louis le Bègue, lorsqu'elle apprit la mort de ce dernier, survenue le 10 avril 879. Six mois plus tard, Boson convoqua une assemblée à Mantaille, lieu situé à une demi-lieue du bord oriental du Rhône, entre Vienne et Valence, et se fit élire et couronner roi de Bourgogne-Provence.[49] Ainsi prenait fin un autre chapitre de l'histoire de France.

Il me plaît de croire que le nouveau roi remit à Ursus la seigneurie de Bollanicis, ville frontière d'où ses fils engendreraient une longue descendance qui, de siècle en siècle, garderait le vague souvenir d'un combat entre un ours blessé et un prince nommé Louis.

Ainsi naissent les légendes ....

---

[49] Cf.: Dom Devic et Dom Vaissete, Histoire générale de Languedoc, Édouard Privat, Libraire – Éditeur, Toulouse 1872, tomes 2 et 3.

Le blason de la famille De Bouillanne, peint par l'aquarelliste Isidore Dufis

16 septembre 2015

Il y a plusieurs années déjà, lors d'un séjour en France, j'eu le bonheur d'être accueilli chez lui par le grand aquarelliste, Isidore Dufis. Celui-ci fut d'une gentillesse et d'une écoute remarquables. Le 15 septembre 2001, il me remit le blason de mes ancêtres, qu'il avait peint spécialement pour moi avec tout le talent qui était le sien.

Isidore Dufis est né à Preixan, dans l'Aude, entre Carcassonne et Limoux, un jour d'octobre 1922, d'une famille de vignerons, tous passionnés de dessin et de musique. Lorsqu'il était enfant, les tiroirs de la maison familiale recelaient des croquis, gravures, gouaches et aquarelles. Durant ses huit ans de pensionnat à Limoux, il mûrit sa passion pour l'art. En 1942, il devient enseignant, un métier qui le conduit en Normandie. Il épouse une Bretonne et découvre l'extrême pointe du Finistère d'où sortira une grande partie de sa production artistique. Il transmettra à des générations de Lislois sa passion du travail manuel et « de l'ouvrage bien fait » ; une carrière exemplaire qui lui vaudra les Palmes Académiques.[50]

Isidore Dufis s'est éteint à l'âge de 91 ans, le 19 novembre 2013. L'âge de la sagesse après une vie extra-ordinairement bien remplie. Le peintre aquarelliste laisse derrière lui une œuvre magnifique où transparaît tout son amour pour les paysages gascons, mais aussi la Bretagne, l'Aude ou encore le Maroc et l'Andalousie.[51]

---

[50] Source : LaDépêche.fr.

[51] Source: Sud-Ouest.fr.

Le Grand Initié Jean Ier de Berry dit Jean le Magnifique (1340 – 1416)

Jean Ier de Berry, dit Jean le Magnifique (30 novembre 1340 à Vincennes – 15 juin 1416 à Paris) est le troisième fils du roi de France, Jean II dit le Bon et de Bonne de Luxembourg. Il est apanagé comte-pair de Poitou en juin 1357 puis 1er duc Pair de Berry en octobre 1360 par son père. Après la défaite désastreuse de Poitiers, où son père Jean II le Bon est fait prisonnier. Il est donné en otage aux Anglais lorsque le roi revient en France (1360) et il reste prisonnier en Angleterre jusqu'en 1367. En 1369 il reçoit de son frère Charles V, les comtés d'Auvergne et de Boulogne, par spoliation de Jean II d'Auvergne, son futur-beau-père, le 6 novembre 1387, et du comté de Montpensier de 1404 à 1416.

Tant que son aîné le roi Charles le Sage vécut, Jean, comme ses deux frères Louis d'Anjou et Philippe de Bourgogne, demeura un soutien indéfectible de Charles et de sa politique audacieuse contre l'ennemi anglais. Il commanda l'armée Royale envoyée en Limousin, Poitou et Quercy. Il reprend aux Anglais les villes de Limoges, Poitiers et La Rochelle. Il se sentait plus proche de Charles que de ses autres frères : en effet, comme lui, il aimait les arts, la littérature, les beaux objets. Cependant, contrairement à Charles, Jean était plus un collectionneur qu'un créateur. On se souvient surtout de lui comme d'un très grand mécène.

Issu de la branche capétienne des Valois, le sang mérovingien coulait tout de même dans ses veines par la branche angevine. En effet, il descendait de Raimond-Bérenger IV de Provence de la Maison de Barcelone, une dynastie fondée par Wilfred le Velu, qui devint roi d'Aragon. Jean Ier de Berry descendait aussi de Blanche de Castille, petite-fille d'Aliénor d'Aquitaine et d'Henri II Plantagenêt. Aliénor d'Aquitaine est issue des comtes de Poitiers de la dynastie des Ramnulfides (dont est issue la branche de Lusignan) et des comtes de Toulouse. Elle est donc une descendante directe de Guilhem de Gellone († 812), grand-père de Bernard II Plantevelue. Le sang mérovingien coulait donc dans les veines du duc de Berry.

Les Très Riches Heures du duc de Berry

Le duc de Berry commanda le livre d'heures aux frères Paul, Jean et Herman de Limbourg vers 1410-1411. Inachevé à la mort des trois peintres et de leur commanditaire en 1416, le manuscrit est probablement complété, dans certaines miniatures du calendrier, par un peintre anonyme dans les années 1440. Certains historiens de l'art y voient la main de Barthélemy d'Eyck. En 1485-1486, il est achevé dans son état actuel par le peintre Jean Colombe pour le compte du duc de Savoie. Acquis par le duc d'Aumale en 1856, il est toujours conservé dans son château de Chantilly, dont il ne peut sortir, en raison des conditions du legs du duc (cote Ms. 65).

L'ouvrage contient 206 feuillets, d'un format de 21 cm de largeur sur 29 cm de hauteur, répartis en 31 cahiers reliés. Les feuillets sont fabriqués à partir d'une feuille de vélin très fin pliée en deux, formant deux feuillets de quatre pages. Chaque cahier était sans doute formé, à l'origine de la constitution du livre, de quatre de ces feuillets doubles, soit seize pages. Seuls 20 des 31 cahiers suivent encore cette forme, les 11 autres ayant été réduits ou augmentés. Le manuscrit compte 66 grandes miniatures couvrant la totalité d'un feuillet ou ne laissant que trois à quatre lignes de texte et 65 petites, s'insérant dans une des deux colonnes de texte.

Le calendrier est sans doute l'ensemble de miniatures le plus célèbre du livre, si ce n'est de toutes les enluminures du Moyen Âge. Présent dans tous les livres d'heures, le calendrier permet au lecteur de repérer la prière correspondant au jour de l'année et à l'heure de la journée. Sont ainsi notés : le nombre de jours dans le mois solaire et lunaire, les jours et le saint qui leur correspondent, ainsi que les fêtes religieuses. De plus, la durée de chaque jour précise son nombre d'heures et de minutes. Il prend cependant ici une importance particulière : pour la première fois, il est illustré de miniatures de pleines pages. Par ailleurs, le calendrier inclut des données astronomiques qui atteignent un degré de précision jamais atteint jusqu'alors. Est indiqué notamment un nouveau nombre d'or, pour la première fois là-encore, servant au calcul des dates des nouvelles et pleines lunes. C'est en effet une des premières applications de la proposition de réforme du calendrier faite par Pierre d'Ailly qui préfigure le futur calendrier grégorien. Ces détails peuvent s'expliquer par l'intérêt porté par le commanditaire à l'observation des astres et à l'astrologie.

Chaque miniature est surmontée des signes zodiacaux correspondant au mois en cours, inscrits dans un demi-cercle. Ils sont entourés d'inscriptions astrologiques inscrites dans de petites cases, au-dessus et en dessous ; cependant quatre des miniatures (Janvier, Avril, Mai, Août) sont vierges d'inscription. Lorsqu'elles sont présentes, ces inscriptions contiennent elles-aussi des informations astronomiques très détaillées. Au centre de ce demi-cercle, est représenté à chaque fois le dieu Apollon dans son char. Cette représentation est en grande partie inspirée d'un revers d'une médaille byzantine acquise par le duc de Berry, mentionnée dans un de ses inventaires, et représentant l'empereur Héraclius dans un char semblable.

La peinture du mois de mars (folio 3) représente une scène de travaux agricoles. Chaque champ contient une étape différente des travaux, tous séparés par des chemins se croisant au niveau d'un édicule appelé montjoie. À l'arrière-plan figure le château de Lusignan (Poitou), propriété du duc de Berry qui l'a fait moderniser. On voit à droite de l'image, au-dessus de la tour poitevine, un dragon ailé représentant la fée Mélusine. En 1392, Jean d'Arras a composé pour Jean de Berry la Noble histoire de Lusignan, appelé aussi Roman de Mélusine, dans laquelle il raconte l'histoire de la fée, ancêtre « imaginaire » du duc. Selon la légende, Mélusine a donné naissance à la lignée des Lusignan et serait le bâtisseur de la forteresse. Épouse de Raymondin de Lusignan, elle lui a promis la richesse et le bonheur, à la condition qu'il ne la voit jamais le samedi, jour où son corps prend l'apparence d'un dragon. Un jour, Raymondin rompt le pacte et observe sa femme au bain. La fée s'enfuit alors en prenant la forme d'un dragon.

Le duc de Berry et le Secret du Roi Perdu

En tant que descendant des dynasties des Ramnulfides et des Wilhelmides, Jean Ier de Berry était très au fait du grand secret entourant le Roi Perdu, c'est-à-dire Ursus qui se rebella contre Louis II le Bègue en 877 aux côté de Wilfred le Velu et Bernard II Plantevelue.

Ce n'est certainement pas un hasard si le gisant du duc se trouve sous la tour nord de la cathédrale Saint-Étienne de Bourges, c'est-à-dire sous le méridien qui pointe tout en haut vers le ciel. Primitivement élément central d'un tombeau ducal aujourd'hui détruit et dispersé, ce monument était visible dans l'ancienne Sainte Chapelle de Bourges. Sculptée dans un marbre blanc incrusté d'inclusions de roche noire, la statue du vieux duc est d'une finesse d'exécution remarquable. L'homme, couronné, est représenté tenant un phylactère, mains croisées sur le buste.

Le visage est traité de manière réaliste, les traits du prince étant tout à fait reconnaissables, et comparables à d'autres supports artistiques, sculptés ou dessinés.

Or, les pieds du duc de Berry reposent sur un ours endormi et enchaîné, la tête ceinte d'un licol marqué de la fleur de Lys. Il s'agit de l'animal symbolique du duc, qui usait de la devise *« Ursine, le temps venra »*. La titulature complète du défunt est gravée sur les bords de la dalle sur laquelle repose la statue. Et que trouve-t-on en vis-à-vis du gisant du duc de Berry ? Rien de moins que la Mise au Tombeau, adossée au mur du fond de la crypte de la Cathédrale de Bourges. Il s'agit d'un groupe composé de 10 personnages entourant le corps du Christ supplicié, parmi lesquels on retrouve Joseph d'Arimathie, Nicodème, Marie mère de Jésus et Marie de Magdala.

Ne s'agirait-il pas plutôt ici, dans la signification ésotérique qui nous occupe, de la Sortie du Tombeau ? En effet, selon la Légende dorée (Jacques de Voragine, XIIIème siècle), vers l'an 45 une dizaine de disciples de Jésus fuyant la persécution d'Hérode Agrippa se rendirent à Joppé, où ils furent pris par des Juifs hostiles à leur foi. On les condamna à être jetés dans une barque sans voile ni rames, et abandonnés en pleine mer au large de la Palestine. Dans cette frêle embarcation se trouvaient plusieurs proches du Nazaréen, parmi lesquels Marie-Madeleine, Marthe sa soeur probable, Lazare leur frère, Marie Jacobé une soeur de la Vierge, Marie Salomé la mère de deux apôtres et un certain Maximin, notable de Béthanie.

Les occupants de la barque livrée au hasard des flots furent cependant sauvés par le souffle puissant d'un vent providentiel, qui les poussa jusqu'à la côte provençale de Camargue où ils accostèrent sans encombre ni pertes humaines. Ses occupants furent recueillis par des bergers, puis ils décidèrent de se séparer afin de prêcher l'évangile en des lieux différents du pays. Marie-Madeleine prêcha quelques temps à Marseille aux côtés de Lazare, puis elle se retira dans une grotte de la montagne Sainte-Baume où elle vécut encore trente ans. Elle mourut dans la plaine où elle était descendue à la rencontre de Maximin. Maximin fut le premier évêque d'Aix-en-Provence ; il éleva un oratoire en l'honneur de Marie-Madeleine à l'emplacement de sa mort et du futur village de Saint-Maximin.

Les autres passagers du navire ont également leurs destins, encore gravés dans la mémoire locale. Marthe s'installa à Tarascon où elle combattit avec succès la « Tarasque », un animal fabuleux qui dévorait ses habitants. Son frère Lazare serait devenu le premier évêque de Marseille, demeurant dans une grotte de la rive sud du lacydon jusqu'à ce qu'il soit arrêté, torturé et décapité. Enfin, les deux Marie Jacobé et Salomé seraient quant à elles demeurées en Camargue sur le site de l'actuel village des Saintes-Maries. De cette migration vers la Gaule et la Bretagne, prit souche la descendance du Christ, les Desposyni, de laquelle prit naissance le cycle arthurien des légendes du Saint-Graal.

Tel que mentionné précédemment, en tant que grand initié et ésotériste de premier plan, Jean Ier de Berry était très au fait du grand secret entourant le Roi Perdu, c'est-à-dire Ursus, lui dont la devise était *« Ursine, le temps venra »*. Il connaissait aussi très bien la situation géographique et la valeur hautement symbolique de la ville de Bourges. Il y consacra une large partie de son oeuvre de mécénat en faisant reconstruire le palais ducal dont il subsiste très peu de traces. Sur le modèle de la Sainte-Chapelle du Palais de la cité, il y fait édifier la Sainte-Chapelle de Bourges (1405), aujourd'hui détruite, pour bien montrer sa filiation avec le roi saint Louis. Il fait aménager le palais de Riom entre 1382 et 1389, notamment une grande salle ainsi qu'une Sainte-Chapelle, toujours subsistante.

Dans l'Antiquité, la ville se nommait Avaricum « le port sur l'Yèvre ». Elle était anciennement habitée par un peuple gaulois, les Bituriges Cubi. Le nom gallo-romain Bituriges a généré les toponymes Berry et Bourges, ainsi que le nom de leurs habitants respectifs, berrichon et berruyer. Il signifie *Rois du Monde* de bitu, *« monde »* et rix, *« roi »*.

À l'époque de la Gaule romaine, le territoire biturige correspond approximativement à l'ancienne province du Berry. La ville de Bourges se situe donc au centre géographique de l'Hexagone et nous avons déjà expliqué qu'elle constitue la capitale rayonnante de la France. Notons qu'avant de devenir roi de France, le Dauphin Charles (futur Charles VII) avait élu domicile à Bourges et avait fait frapper sa propre monnaie avec la mention : *Kar, Francorum rex, Bitur* (Charles, roi de France, Biturige).

Le duc de Berry savait pertinemment que le Roi Perdu, l'ours endormi, enchaîné et muselé, réapparaîtrait un jour pour faire valoir sa valeur sur ses ancêtres, tel le Grand

Monarque annoncé par Nostradamus et autres prophètes. Le franciscain R.P. Vincent n'écrivait-il pas en frontispice de son « Histoire fidelle de St Sigisbert, XII roy d'Austrasie et III du nom » : *Il est au milieu de vous, et vous ne le connaissez pas* (Medius vestrum stetit, quem vos nescitis).

Gérard de Sède écrivait en 1973 : *« Ce sang dont ils ignoraient l'origine mais dont ils subissaient la fascination, ce sang dont ils ne purent jamais – et pour cause – se prévaloir, on comprend que des rois dont le trône reposait sur l'usurpation aient vécu dans la peur obsédante de le voir réapparaître en la personne d'un Roi Perdu ».* Quelques jours après la publication du livre du franciscain de Nancy, Louis XIV le fit saisir et mettre au pilon.[52]

Relique présumée (tibia) de Marie Madeleine, à la Sainte-Baume.

[52] La race fabuleuse, éd. J'ai Lu

Patte d'Ours – Nos ancêtres sont honorés à l'Assemblée de Vizille (1788)

Le 21 juillet 1788, 491 représentants des Trois Ordres du Dauphiné se réunissent au Château de Vizille dans la salle du Jeu de Paume. Cette assemblée lance un appel à la nation toute entière pour définir un nouvel ordre politique.

Se sentant menacées par la hausse du prix des denrées alimentaires, des familles protestent et chargent les membres du parlement du Dauphiné de porter leurs revendications à la connaissance du Roi de France Louis XVI. Ces parlementaires n'obtiennent rien des ministres parisiens.

La colère populaire enfle. Le 7 juin 1788, le gouverneur du Dauphiné envoie sa garnison pour réprimer les émeutiers grenoblois qui montent sur les toits. Une pluie de tuiles s'abat sur les soldats. C'est la fameuse « Journée des Tuiles », premier germe de la révolte qui deviendra révolution. Antoine-Pierre-Joseph-Marie Barnave rédige alors un libelle l'Esprit des Édits appelant à soutenir le Parlement de Grenoble suspendu par le Pouvoir central, et se rapproche d'un autre avocat promis lui aussi à un bel avenir, Jean-Joseph Mounier.

Après la Journée des Tuiles, la révolte continue. Mais cette fois la bourgeoisie prend la tête du mouvement et prépare sa route vers le pouvoir. Le 14 juin, sous la direction de Jean-Joseph Mounier des membres des trois ordres (noblesse, clergé et Tiers Etat) de Grenoble et du Dauphiné réclament la convocation des Etats Généraux du royaume. Barnave et Mounier vont obtenir la réunion des députés des trois ordres du Dauphiné le 21 juillet au château de Vizille. Toutes les communautés du Dauphiné sont invitées à envoyer des députés à Grenoble « pour délibérer sur les droits et les intérêts de la province ». Le Roi sent le danger : il interdit l'assemblée, mais devant la menace d'une nouvelle insurrection (Journée des Tuiles), il la tolère « à condition qu'elle se réunisse à plus de trois lieues de Grenoble ».

Claude Perier, bourgeois qui a racheté le marquisat de Vizille en 1780, met son château, ancienne demeure du Connétable de Lesdiguières transformée en manufacture d'impression sur cotonnades, à la disposition de l'assemblée. Le 21 juillet, 491 représentants des Trois Ordres du Dauphiné (50 prêtres, 165 nobles et 276 représentants du Tiers Etat parmi lesquels Mounier et Barnave) se réunissent au Château de Vizille dans la salle du Jeu de Paume.

La reconnaissance unanime des fils de l'Ours

Outre les personnes de Montélimar qui se trouvaient à Vizille, il y avait encore à Romans le marquis de St-Ferréol et un certain nombre de Richaud et de Bouillane, habitant le ressort de l'élection et professant en général la religion protestante. La liste imprimée mentionne 15 Bouillane et 29 Richaud : la plupart d'entre eux étaient verriers ou travaillaient leurs terres, ce qui ne les faisaient pas déroger. Ils se présentèrent à l'Assemblée avec leurs habits de paysans, leur vieille rapière que comme nobles ils avaient le droit de porter, et un havresac contenant quelques parchemins et leurs modestes provisions de bouche. Ils furent invités aux diverses tables de la noblesse et défrayés par elle : la plupart d'entre eux ne revinrent pas à la réunion du 2 novembre.

Ces deux familles étaient très anciennement établies dans la vallée de Quint. Le Cartulaire de Léoncel, p. 141, mentionne Humbert de Bouillane à la date de 1245, et le Recueil d'hommages relatif au Valentinois qualifie de nobles plusieurs membres de cette famille dans des actes de 1394 et de 1431, et de la famille Richaud en 1325, 1345 et 1349, ce qui semble établir que le prétendu anoblissement qu'aurait fait Louis XI n'est qu'une légende (Histoire de

Montélimar et des principales familles qui ont habité cette ville, Vol. 4, par le baron Adolphe de Coston).[53]

L'Annuaire de la noblesse pour 1863 rapporte une tradition d'après laquelle Louis, dauphin, attribua à François de Bouillane la patte d'ours gauche mise en fasce et à Michel Richaud, la patte droite mise en bande. Toutefois, lorsqu'Osée de Bouillane fit enregistrer ses armes en 1697 et que Joseph de Bouillane, avocat au parlement de Grenoble, remplit la même formalité, ils prirent l'un et l'autre, suivant les indications de Chorier et de Guy Allard, d'azur à une patte d'ours d'or mise en bande.

À son tour Barnave, en 1787, chargé de défendre la noblesse de ces maisons, rechercha, mais en vain, leur origine et leur histoire dans les titres encore intacts de la chambre de comptes et dans ceux de ses clients. Après avoir cité la légende d'un Dauphin préservé des étreintes mortelles d'un ours par un Bouillane et un Richaud sur la montagne d'Ambel, il ajoute : *« Les preuves multipliées de leur noblesse, consignées dans les registres de la chambre des comptes, et le peu de monuments qui leur restent par devers eux, la présentent comme si ancienne, qu'il n'y a pas beaucoup de maisons dans la province qui puissent prouver au-delà ; et quoique depuis longtemps la plupart des individus aient été pauvres, il paroît qu'on les a toujours tenus en général pour d'honnêtes gens. Suivant la tradition, la maison de Richaud et de Bouillane sont originaires de la vallée de Quint, ce qui est même vraisemblable, puisque la grande majeure partie des membres qui existent y sont actuellement demeurants ».*

Des recherches suivies et consciencieuses au temps de Barnave auraient dû amener de meilleurs résultats, et il est permis de conclure ou bien qu'elles ne furent pas faites, ou

[53] Histoire de Montélimar et des principales familles qui ont habité cette ville, Volume 4, par le baron Adolphe de Coston, 1886.

bien qu'en réalité l'origine de ces familles se perd dans la nuit des temps. Si les Bouillane et les Richaud avaient pour la plupart une fortune modeste, leurs familles, en se multipliant, ne laissaient pas de former une sorte de tribu privilégiée et exempte d'impôts. Quoi qu'il en soit, un membre de chacune des familles réclamantes parut à l'assemblée de Vizille et quatre s'y firent représenter. D'après la tradition, ils furent placés à la droite du président, *« comme étant les plus anciens nobles de la province »*, et opinèrent toujours comme lui.[54]

Vizille, le berceau de la Révolution française ou de la liberté

Vizille, le berceau de la Révolution française ou de la liberté. Ces qualificatifs montrent l'immense retentissement de l'Assemblée du 21 juillet 1788. D'abord parce qu'elle affirme clairement et pour la première fois la volonté de mettre en échec le pouvoir royal. Ensuite, parce que dépassant le cadre d'une province, elle lance un appel à la nation toute entière pour définir par la voie des Etats Généraux, un nouvel ordre politique. Vaste mouvement qui aboutira aux bouleversements de l'été 1789 et à la chute de la monarchie absolue.

Diffusée dans toute la France, la délibération de Vizille soulèvera un enthousiasme extraordinaire. La Révolution française vient de naître à Vizille. Isolé face à la montée de tous les mécontentements, le Roi autorise le 2 août 1788 à Romans la réunion d'une assemblée des Trois Ordres ; le 6 août, il suspend les Edits le 8 août, il convoque les Etats Généraux pour le mois de mai 1789 à Versailles. En juillet 1789, le peuple de Paris se révolte, c'est la prise de la Bastille…

[54] Bulletin de la Société départementale d'archéologie et statistiques de la Drôme, Tome XII, page 288, 1878.

Barnave va y jouer rapidement un rôle important, d'abord au sein de la députation du Dauphiné en soutien de Mounier. Ce dernier est en désaccord avec la radicalisation des évènements, et penche pour un compromis monarchique. Barnave s'éloigne alors de lui et va constituer avec Adrien Duport et les frères Charles et Alexandre de Lameth, un groupe d'action politique dénommé le « triumvirat », siégeant à l'extrême gauche de l'Assemblée et fer de lance de la Révolution. Le 22 juillet 1789, au lendemain du lynchage par la foule de l'intendant général Foullon et de son gendre Berthier de Sauvigny, il monte à la tribune et réplique aux députés indignés par cet acte : « Messieurs, on veut vous attendrir en faveur du sang versé hier à Paris. Ce sang était-il donc si pur, qu'on n'osât le répandre ? », phrase qui passe à la postérité, et à laquelle quelqu'un, dans l'assemblée, répliqua : « Oh! le tigre ! », surnom féroce qui resta à Barnave.

Barnave est un des rares orateurs à pouvoir rivaliser avec Mirabeau. Il acquiert par son éloquence un peu froide et son ardent amour pour la liberté une très haute influence et une grande popularité. Après les Journées des 5 et 6 octobre 1789, les monarchiens sont effondrés et Barnave obtient gain de cause contre son ancien ami Mounier sur le soutien de l'Assemblée au veto suspensif du Roi (alors que Mounier préconisait un veto absolu). Le triumvirat Duport, Barnave et Alexandre Lameth est classé « à gauche » et participe à la création de la Société des amis de la Constitution et de la Liberté, qui deviendra le club des Jacobins. Ils intriguent afin d'écarter Mirabeau et La Fayette du pouvoir, craignant qu'ils ne confisquent l'un comme l'autre la Révolution à leur profit.

En mai 1790, un conflit ponctuel oppose l'Espagne et l'Angleterre et pose le problème du pacte de famille franco-espagnol, et donc des pouvoirs du roi en matière de déclaration de guerre. Cette question oppose vivement

Barnave à Mirabeau et l'Assemblée vote finalement une motion de compromis : *« Le droit de la paix et de la guerre appartient à la Nation. La guerre ne pourra être décidée que par un décret du Corps législatif sur la proposition formelle et nécessaire du roi et sanctionné ensuite par Sa Majesté ».*

Après la mort de Mirabeau, la Cour cherche de nouveaux alliés notamment auprès du triumvirat. Barnave et ses amis fondent le 27 avril un nouveau journal, le Logographe, qui affiche sa confiance dans une monarchie limitée. Barnave et Lameth sont attaqués par Robespierre et les anti-esclavagistes sur la question des droits de gens de couleur qui revient en discussion, puis Robespierre obtient, contre l'intervention de Duport un vote de l'Assemblée sur la non-rééligibilité de ses membres. Le triumvirat contrôle toujours au club des Jacobins le fameux Comité des correspondances, lien essentiel avec les sociétés provinciales affiliées, mais l'extrême-gauche, très minoritaire à l'Assemblée, progresse dans les clubs (clubs des Jacobins et des Cordeliers).[55]

La fuite du roi ~~à Varennes~~ ... à l'abbaye d'Orval

Lors de sa tentative de fuite (20 et 21 juin 1791), Louis XVI est arrêté à Varennes. Barnave est envoyé par l'Assemblée, en compagnie de Pétion et de Latour-Maubourg, pour ramener la famille royale à Paris. Les trois députés rejoignent la berline royale au lieu-dit du Chêne fendu, sur la commune de Boursault.

Pendant les trois jours que dure le voyage de retour, Barnave est touché par les malheurs de Marie-Antoinette. Il entame avec elle une correspondance secrète par l'intermédiaire du chevalier de Jarjayes. Il rejoint alors les monarchistes constitutionnels du club des Feuillants, ce qui lui vaut la haine du peuple parisien et

[55] Fêtes Révolutionnaires de Vizille : www.fetes-revolutionnairesdevizille.com.

des Jacobins lesquels dénoncent « Barnave noir derrière, et blanc devant ». Le 15 juillet 1791 il prononce devant l'assemblée un discours sur « L'inviolabilité royale, la séparation des pouvoirs et la terminaison de la Révolution française ». Il exhorte le roi, par l'entremise de sa correspondance avec Marie-Antoinette, à se rallier sincèrement à la Constitution, à condamner les menées des émigrés, et à obtenir de l'Empereur Romain Germanique, frère de la reine, la reconnaissance du nouveau régime (Léopold II, archiduc souverain d'Autriche, descendait de la maison de Lorraine et de Châtillon, et donc du lointain Ursus, vicomte de Nîmes).

Pendant le mois d'août et jusqu'au 30 septembre, date de clôture de la Constituante, Barnave et les modérés, malgré l'opposition de Robespierre et de la gauche, arrivent à sauver la monarchie, sans pour autant lui assurer les moyens de son action. Quant à Marie-Antoinette, elle joue manifestement un double jeu.

La fuite manquée des 20 et 21 juin 1791 — plus connue sous le nom de Fuite de Varennes — est un épisode important de la Révolution française, au cours duquel le roi de France Louis XVI, sa femme Marie-Antoinette, et leur famille immédiate tentèrent de rejoindre le bastion royaliste de Montmédy, à partir duquel le roi espérait lancer une contre-révolution. En accréditant la thèse de la trahison du roi, cet événement déterminant dans le cours de la Révolution française a largement contribué à rendre crédible l'idée d'instaurer une république en France.

L'auteur Gérard de Sède nous apprend que la destination véritable de Louis XVI n'était pas Varennes, mais plutôt l'abbaye d'Orval, et que pour l'atteindre il fallait nécessairement se rendre à Stenay. La berline emmenant la famille royale, déguisée et pourvue de faux passeports, passera par Pont-de-Somme et Saint-Menehould. Ensuite, il faudra éviter Reims, la ville du sacre, où la population est hostile à Louis Capet. On passera donc par Varennes. Il y a là une hôtellerie à l'enseigne du Grand Monarque. C'est là que les fugitifs se reposeront, changeront de chevaux et seront pris en charge par une escorte de hussards. Le cortège ira ensuite à Mouzay où fut assassiné Dagobert II. De Mouzay, il n'y a que quelques foulées de cheval jusqu'à Stenay où attend le gros de la troupe, le Royal Allemand sous les ordres du colonel de Mandell. Enfin, l'on parviendra à Orval où Bouillé, arrivé le jour même, 21 juin 1791, accueillera le roi et sa famille. On sait que ce plan échoua.

> *« Louis XVI s'est peut-être arrêté au Grand-Monarque; il s'est alors vu peint en enseigne, roi en peinture lui-même, pauvre grand monarque! »* – Victor Hugo

« Qu'allait faire Louis Capet à Mouzay, à Stenay et à Orval, alors que tant d'autres chemins s'offraient à sa fuite? » Gérard de Sède ajoute : *« Il est déjà singulier que le roi ait choisi de faire étape dans une hostellerie placée sous l'enseigne de ce Grand Monarque dont l'auteur des Centuries s'était fait le héraut; il est déjà étrange qu'il ait choisi pour terme de son voyage cette abbaye d'Orval où Nostradamus avait séjourné, beaucoup lu et longtemps médité »*.[56]

> *De nuit viendra par la forêt de Reines*
> *Deux pars voltorte Herne la pierre blanche*
> *Le moine noir en gris devant Varennes*
> *Esleu cap, cause tempeste, feu, sans, tranche.*
> (IX, 20)

[56] La race fabuleuse, éd. J'ai Lu, 1973.

Le tableau d'Alexandre Debelle

En 1853, le peintre Alexandre Debelle, alors qu'il devient conservateur du musée de Grenoble, a peint L'Assemblée de Vizille représentant les Trois Ordres du Dauphiné se réunissant au Château de Vizille dans la salle du Jeu de Paume. Puis en 1890, un siècle après les faits, il peint la toile décrivant l'émeute, intitulée La journée des Tuiles, 13 juin 1788. Ces œuvres se trouvent actuellement exposées au musée de la Révolution française de Vizille.[57]

Dans le tableau peint par Alexandre Debelle, on peut voir le personnage central vivement acclamé par les représentants des Trois Ordres (noblesse, clergé et Tiers Etat) de Grenoble et du Dauphiné se réunissent au Château de Vizille dans la salle du Jeu de Paume. Ce personnage symbolise à lui seul les 15 Bouillane et les 29 Richaud présents. Bien qu'habillés en paysans, les cheveux non poudrés, ils furent reconnus par l'assemblée comme appartenant à la plus ancienne noblesse du Dauphiné, et furent reçus avec tous les honneurs de leur rang.

[57] Musée de la Révolution française : www.domaine-vizille.fr.

Or, cette assemblée était présidée par nul autre que Barnave, celui-là même qui fut choisi pour défendre la cause des de Bouillane et de Richaud, et le mémoire (grand in-8° de 117 pages, imprimé à Grenoble, chez Cuchet, en 1787) rédigé par l'illustre orateur, nous a fourni de nombreux détails et d'utiles révélations à leur sujet.[58]

Depuis la légende de Malatra, on dit faussement des Bouillane et des Richaud qu'ils sont des bûcherons, d'autres fois on dit qu'ils sont des charbonniers. Il faut plutôt voir en eux des membres, ou plutôt des maîtres de l'Ordre des Fendeurs et des Charbonniers. En France, il a existé différentes structures de Bons Cousins Fendeurs et Bons Cousins Charbonniers indépendamment des compagnonnages liés au travail du bois. Ces structures ou ordres forestiers ont coexisté de diverses façons : soit totalement indépendantes de la franc-maçonnerie naissante, soit déjà teintées de franc-maçonnerie, soit intégrées en celle-ci. Même sous l'influence maçonnique, les Ventes (loges) de Fendeurs seront toujours en harmonie avec la nature, tout en rappelant aux Bons Cousins leurs devoirs vis-à-vis d'elle.

> L'existence des rites forestiers est difficilement traçable historiquement. Les plus anciennes mentions connues aujourd'hui concernant les Fendeurs et Charbonniers sont conservées aux Archives départementales de l'Yonne et datent du 1er mai 1673 et 10 avril 1674. C'est une condamnation épiscopale émanant de Nicolas Colbert, évêque du diocèse d'Auxerre. Probablement, qu'au départ il s'agissait de rites de transmission des secrets de métier comme dans les compagnonnages classiques d'avant le XVIIIe siècle. Loin du monde urbain, l'exercice des métiers sylvestres exigeaient de ses membres une solidarité sans faille et un devoir d'hospitalité. La trame est probablement l'expression de l'antique tradition celtique qui associait le sacré à la forêt. Pour les rituels les plus récents, ils

---

[58] Défense et illustration de la noblesse des Richaud et Bouillanne, par Barnave, publié par l'Association des descendants des de Richaud et de Bouillanne, 1996.

sont imprégnés par des légendes christianisées et parfois avec la présence de la Bible pour la prestation des obligations ou serments. Le phénomène constaté en Angleterre, avec le mouvement maçonnique des Anciens revendiquant la filiation des traditions chrétiennes des anciens corps de métier, apparaît également dans l'élaboration des rituels forestiers français du XVIIIe siècle.

Il y a lieu de croire que Barnave était très au fait du secret entourant la descendance du Prince Ursus, et de la légende du Roi Perdu. Ne travaillait-il pas pour les Fils de l'Ours ? N'avait-il pas été engagé par les de Bouillane et de Richaud pour défendre leur cause devant les tribunaux ? Il ne pouvait pas y avoir meilleure proximité entre le révolutionnaire et les représentants de la plus ancienne noblesse du Dauphiné. Serait-ce possible que Barnave ait reçu des ordres secrets pour faire de Louis XVI un nouveau roi fainéant, et pour mettre à bas le règne des Capétiens afin de replacer sur le trône les héritiers de Mérovée ? C'est une interrogation qui mérite d'être entendue…

Le 21 janvier 1793,
les lys tombèrent sur le sol de la France
Le 21 janvier 1948,
les lys réaparaîssaient sur le sol de la Nouvelle France

Les Bolian issus des de Bouillane. Les Bonfils partagent la même légende

Les Bolian furent l'une des principales familles bourgeoises de Paladru. Si nous en croyons André Lacroix,[59] les Bolian ou Boulian, ou encore Bouillan, de Paladru, appartiendraient à la famille des de Bouillane dont ils seraient l'une des branches.

Les de Bouillane et de Richaud sont les descendants des deux bûcherons du Diois, dans la Drôme, qui sauvèrent un Dauphin des griffes d'un ours, furent pour cet exploit, ennoblis, sinon enrichis. On leur donna ou ils choisirent des armes parlantes : leur écusson portait *« une patte d'ours d'or mise en bande ».* Quoi qu'il en soit, les Bolian, sans la particule, apparaîssent seulement, à Virieu d'abord, au XVIe siècle, où ils sont qualifiés de marchands et possèdent un domaine tout près, à Blandin ; à Paladru, ensuite, au commencement du XVIIe siècle, dans la personne de Guillaume et de Clément Bolian, deux frères.[60]

D'après le site internet House of Names,[61] le nom Bolian est parvenu en Angleterre avec les ancêtres de la famille Bolian lors de la conquête normande de 1066. La famille Bolian vécut dans le Lincolnshire et d'autres régions à travers la Grande-Bretagne. Le nom de cette famille, cependant, ne fait pas référence à ces lieux, mais plutôt à Boulogne, en France. Sa devise est « E Rege et victoria » (Le Roi et la victoire).

---

[59] Bulletin de la société d'archéologie et de statistique de la Drome, tome 12, 1878.

[60] Bulletin paroissial de l'Abbé Millon, distribué entre 1932 et 1935.

[61] House of Names : www.houseofnames.com.

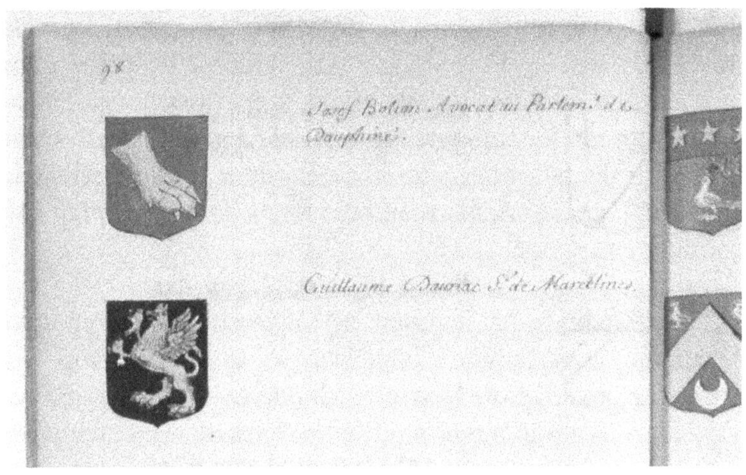

Armorial général de France, Charles René d'Hozier (1696-1700).

C'est seulement depuis quelques centaines d'années que la langue anglaise a été normalisée. Pour cette raison, les noms anglo-normands comme Bolian sont caractérisés par de nombreuses variations orthographiques. Les scribes et les moines du Moyen Age orthographiaient les noms phonétiquement. Il est donc fréquent de trouver plusieurs variantes qui se réfèrent à une seule personne. Comme la langue anglaise a changée et qu'elle a incorporé des éléments d'autres langues européennes, comme le français normand et le latin, même les personnes lettrées ont régulièrement modifié l'orthographe de leurs noms. Les variations du nom Bolian comprennent : Bullen, Bulen, Bullan, Bulloyne, Bouleyne, Bulleyn et beaucoup plus.[62]

Le nom Bolian s'est retrouvé dans divers comtés à travers la Grande-Bretagne. La plus ancienne inscription du nom semble être Gilebert de Bollon dans le Northumberland, en 1168. Plus d'un siècle plus tard, le Rotuli Hundredorum de l'an 1273 énumérait : **Pharamund** de Boloynne dans le

[62] Forebears : www.forebears.co.uk.

Buckinghamshire; Richard de Boloyne à Somerset; John de Boloyne dans le Cambredge; et Thomas Boloyne dans l'Essex. Fait intéressant, les rouleaux répertorient également Simon, comte de 'Buloyne' comme résidant à Oxford. Dans l'Histoire de Norfolk, Simon de Boylen a été inscrit à la même époque. Certains membres de la famille Bolian ont immigré en Irlande.

Face au chaos qui sévissait en Angleterre à cette époque, de nombreuses familles anglaises se tournèrent vers les frontières ouvertes du Nouveau Monde avec ses possibilités d'échapper à l'oppression et à la famine. Les gens ont immigré en masse vers l'Amérique du Nord, ainsi que l'Australie et l'Irlande, payant des tarifs exorbitants pour le voyage, à l'étroit et sur des navires dangereux. Beaucoup de colons n'ont pas survécu aux périples, mais ceux qui sont parvenus sur les côtes de l'Amérique du Nord ont été accueillis avec une grande ressource d'opportunités. Plusieurs familles qui venaient de l'Angleterre continuèrent à faire des contributions essentielles aux pays émergents du Canada et des États-Unis. Certains des premiers immigrants qui ont traversé l'Atlantique pour venir en Amérique du Nord portaient le nom Bolian, ou une de ses variantes : Silvester Bullen qui s'est installé en Virginie en 1624; John Bullen qui s'est installé dans le Maryland en 1775. Richard Bullen, quant à lui, est arrivé dans l'État de New York en 1752.

Les Bouillanne et les Bonfils partagent une même légende

Le comte de Lapeyrouse-Bonfils écrivait en 1889 :

> « L'organisation féodale, qui fut un grand progrès politique social, et qui préserva l'Europe de la conquête des Barbares et de l'anarchie intérieure, en concédant à la branche aînée, dans la famille noble, la puissance politique et législative, devait naturellement porter atteinte à la situation des branches collatérales. Le tronc familial cependant, quoique effacé, ne produisait pas moins des rejetons dont l'expansion s'étendait souvent au-delà des frontières locales ; en sorte que lorsque la branche directe venait à s'éteindre, ce qui, au dire de plusieurs auteurs, arrivait en moyenne tous les trois siècles, l'opinion, trompée par les apparences, pouvait facilement croire à une extinction définitive de la race. Si la filiation directe se troublait, le sang n'en conservait pas moins, par les collatéraux, son caractère d'origine et l'adage avait toujours sa raison d'être : Virtutem a stirpe traho. C'est ainsi que l'arbre de la forêt que la foudre a brisé, laisse intact le tronc qui continue à pousser des tiges vigoureuses ».

Serait-ce alors possible que les de Bouillanne et de Richaud aient un lien de parenté avec la famille de Bonfils, ces deux lignées partageant une légende similaire ? En effet, on voit descendre la famille de Bonfils de la première Maison d'Anjou (d'où les fleurs de lys) et serait d'origine franque. Horace de Bonfils épouse Melziade, la plus jeune fille de Manfred roi de Sicile, en 1266, sur ordre de Charles Ier d'Anjou.

> *Ayant sauvé Charles d'Anjou menacé par un ours, celui-ci souhaita qu'il porte une patte d'ours dans ses armes.*

La branche établie en Provence (et à Orange) porte « de Bonfils ancien ». La date de leur arrivée est discutée (actes en 1178, 1250 à Arles, probablement en 1290). Jean de Bonfils, chassé de Naples lors des vêpres siciliennes, revient en Provence vers 1290, épouse l'héritière de Moncalquier et prend ses armes « d'azur au chevron d'or accompagné en pointe d'une étoile de même, à la bordure dentelée d'argent ». Des titres portent le nom de *Bonifilius* dès l'an 990.[63]

Tout en constatant combien l'imagination des auteurs italiens s'est donnée carrière au sujet des commencements des Bonfils et l'influence qu'elle a exercée sur quelques généalogistes de France, il faut cependant reconnaître qu'ils sont unanimes pour leur assigner la France comme leur pays d'origine. Villabianca et Mugnos en particulier, dont l'opinion vient d'être de nouveau confirmée par le savant P. Ledoux, font partir de France un Bonfils, les deux premiers avec le comte Roger de Normandie, conquérant de la Pouille et de la Sicile. Le mémoire tiré des archives de Palerme et adressé à M. Mégha, docteur au service du roi de Naples, il y a quelques années, est très explicite. Non seulement il maintient cette version, mais il y ajoute une véritable autorité en disant que c'est à cause de ce fait, que le livre d'or de la noblesse de Naples et de Sicile a donné à la famille de Bonfils la qualification de *commilitoni*, compagnons d'armes, ou les quarante, faisant allusion aux quarante chevaliers français, compagnons du héros.

Or, c'est à cette même époque, cinquante ans avant l'expédition normande, que nous trouvons en France une famille Bonfils qui prend pour la première fois ce nom. Les années se succèdent, mais le nom et la famille de Bonfils continuent à se perpétuer en France comme en Italie. Selon la tradition, la première apparition des Bonfils de Bologne eut lieu en Dauphiné et Périgord vers 1260. En 1273, dans le conflit qui s'éleva entre le comte de Lautrec et son fils Vézian, concernant la terre de Noillac et autres, aux confins du Périgord, Bernard de Bonfils et Ollivier de Vassal, gentilhommes, sont indiqués comme ayant servi d'arbitre aux parties.

---

[63] Références sur le site de Jean Gallian : www.jean.gallian.free.fr.

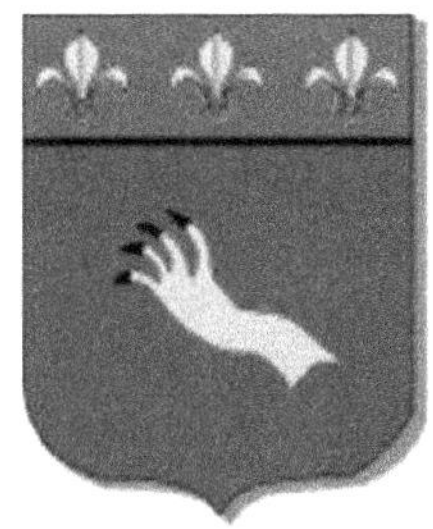

Il ressort de ce qui précède que nous trouvons à l'origine des noms patronymiques, une famille française qui prend pour la première fois le nom de Bonfils et qui fonde en Italie, vers 1033, une autre famille qui s'y comporte avec une grande distinction.[64]

Rien dans ce qui précède ne prouve pour le moment que les Bonfils et les Bouillanne aient un lien de parenté. Par contre, il est parfaitement démontré que ceux-ci partagent une même région (le Dauphiné), ainsi qu'une légende et un blason similaires. De leur côté, les Bolian/Boulian/Bouillan ont essaimé et ont fait souche en Angleterre, aux États-Unis, au Canada et dans plusieurs autres pays.

> *« Interroge ton père, il t'instruira ; demande à tes ancêtres de te faire connaître ce que tu désires savoir. » Ainsi parle le livre de la sagesse, que tous les raisonnements du monde ne sauraient démentir.*
> – Cte de Lapeyrouse-Bonfils

---

[64] Revue de Marseille et de Provence, fondée et publiée au profit des pauvres, 35e année, Marseille 1889.

Saint Dagobert II, roi d'Austrasie, martyr et patron de Stenay

« Quanto fis celsior potestate, tanto humilior fias pietate. Soyez d'autant plus humble par la piété que le pouvoir vous fait plus grand. » – Saint Augustin, Épîtres

S'il était un état qui pût prétendre à faire exception à la vocation générale de tous les chrétiens de parvenir à la sainteté, ce serait sans doute le premier état de la société, celui des monarques de la terre. Nulle part on ne rencontre des obstacles plus puissants, nulle part les distractions ne sont plus nombreuses, et nulle part le coeur de l'homme n'est plus en proie à mille agitations diverses. Mais la grâce de Dieu, plus forte que tous les obstacles de ce monde, prodigue les richesses de sa puissance dans le coeur de ceux-là même qu'environnent les pompes de la terre, le faste et l'opulence des grandeurs. L'illustre saint Dagobert va nous en fournir une preuve éclatante.

Dagobert II, un des plus grands monarques d'Austrasie, était fils du roi saint Sigisbert et de la reine Himnehilde. Dès la plus tendre enfance il perdit son père, auquel il succéda d'abord sans aucune contradiction ; mais à peine eut-il essayé d'occuper le trône, qu'il en fut précipité par la trahison de Grimoald, fils du bienheureux Pépin de Landen et maire du palais du roi Sigebert. Ce dernier monarque avait cru pouvoir confier l'éducation de son fils à ce seigneur, espérant que les bienfaits dont il l'avait comblé seraient un motif suffisant pour l'attacher à son enfant ; mais il ignorait que l'ambition efface le souvenir des bienfaits reçus, et que l'ingratitude la suit de près : car ce ministre, que les intrigues et les cabales avaient rendu tout-puissant, gagna en peu de temps une partie des officiers de l'armée, et prétendant que Sigebert, n'ayant point encore d'enfant, avait promis le trône à son fils Childebert, il porta par des promesses les seigneurs de la cour à reconnaître ce dernier pour leur roi ; ainsi, après avoir fait raser le jeune Dagobert comme pour le dévouer à l'Église, il l'envoya en Irlande, où ce prince fut obligé de vivre longtemps ignoré. Didon, évêque de Poitiers et parent de Dagobert, eut la lâcheté de se prêter à une manoeuvre si odieuse et de conduire lui-même le jeune prince dans son exil.

Mais le ciel veilla sur cet enfant et lui donna un père dans la personne de saint Wilfrid, évêque de York, qui le fit élever selon les préceptes de l'Évangile. Dagobert acquit dans son exil les qualités nécessaires pour gouverner un jour avec sagesse. Cet exil fut une bonne école pour lui : il y apprit à mépriser l'éclat d'un trône périssable pour s'occuper de l'éternité. À mesure qu'il avançait en âge, il étudia les préceptes de notre sainte religion, et fit de l'Évangile le sujet de ses fréquentes méditations. Il connut de la sorte en quoi consiste la véritable grandeur, et ces considérations le portèrent à marcher avec courage dans le sentier de la vertu. « Heureux », se dit-il, « le prince qui, avant de commander aux autres, sait se gouverner soi-même et exercer sur son propre coeur un empire sévère. Et à quoi lui servirait-il de se faire obéir par des milliers de sujets, s'il était lui-même un esclave de ses passions, si ses mauvais penchants le dominaient ? Et quel avantage lui reviendrait-il de voir son nom célèbre dans l'histoire des rois et des conquérants de la terre, si le Père céleste l'effaçait du livre de l'immortalité ? »

Telles étaient les graves pensées qui occupaient le jeune monarque sur la terre du malheur. S'il soupirait, comme autrefois les Israélites, après le moment de retourner dans une patrie chérie, ce n'était point pour y briller sur un trône éclatant et y recevoir les hommages de ses sujets ; c'était dans le désir d'y travailler au bien de son peuple, d'y faire fleurir la religion et d'y gouverner en roi chrétien. Il appréciait trop bien le poids d'une couronne, pour ambitionner de la porter sans remplir les devoirs que lui imposait la royauté. Sa tendresse pour ses peuples se réveilla surtout lorsqu'il apprit ce que le beau pays de France souffrait par les vexations et les abus de quelques grands, qui, sous prétexte du bien public, déchiraient le sein de leur patrie et ne cherchaient qu'à assouvir leurs haines personnelles et à satisfaire leur ambition. Plus d'une fois il fut sur le point d'abandonner la terre hospitalière et de retourner dans sa patrie, pour annoncer aux peuples qu'il vivait encore et faire valoir ses droits : mais alors, modérant sa noble ardeur, il renonça à son projet, en attendant que la Providence lui fournit l'occasion d'aller reconquérir l'héritage de ses pères, et il se contenta d'adresser au ciel des voeux pour sa patrie.

À peine ce jeune prince eut-il disparu, qu'on répandit partout le bruit de sa mort. Grimoald poussa l'infamie au point de lui faire faire de magnifiques funérailles, afin de tromper plus sûrement les peuples et de couvrir par là l'odieux de son usurpation : car il fit presque aussitôt proclamer roi son propre fils, prétendant que Sigebert l'avait adopté. Les peuples furent trompés et ne reconnurent point cette indigne supercherie : mais la reine Himnehilde protesta contre cette infâme trahison, et ne pouvant, dans le moment même, instruire les peuples de la vérité, elle prit le ciel à témoin qu'elle n'entendait nullement voir les siens exclus du trône, et se réfugia à Paris auprès de Clovis II, son beau-frère. Les grands d'Austrasie ne furent pas longtemps sans revenir de leur enthousiasme pour l'usurpateur. Car les violences de Grimoald aliénèrent petit à petit les esprits, et après un règne de sept mois, ils détrônèrent Childebert, et placèrent sur le trône Clovis II, frère de Sigebert, qui réunit ainsi tout le royaume de France sous son sceptre : mais celui-ci mourut en 657, et laissa la monarchie à Clotaire III, son fils aîné, qui avait à peine cinq ans. Clotaire III posséda l'Austrasie jusqu'en 660, époque à laquelle elle fut donnée à Childéric, le second fils de Clovis, lequel gouverna ce royaume sous la régence de Himnechilde et épousa sa fille, soeur de Dagobert.

Ce jeune prince continuait à vivre inconnu dans son exil, attendant que le ciel se déclarât enfin en sa faveur. Il épousa, par l'entremise de saint Wilfrid, une princesse saxonne [Gisèle, fille de Béra II comte de Rhedae et petite-fille de Tulca, roi des Wisigoths], **dont il eut un fils qu'il nomma Sigebert**,[65] et quatre filles, Irmine, Adèle, Rathilde et Ragnétrude. Pendant que Dagobert s'appliquait à donner une éducation chrétienne à ses enfants, quelques seigneurs austrasiens attachés à Himnehilde et plein de vénération pour la mémoire de Sigebert [III], songèrent à le rappeler. Ils écrivirent à cet effet à saint Wilfrid et le prièrent de leur renvoyer leur roi légitime, pour le placer sur le trône de son

[65] Source : « Saint Dagobert II, roi d'Austrasie, martyr, patron de Stenay, au diocèse de Verdun ». Les petits Bollandistes, vies des saints de l'Ancien et du Nouveau Testament, tome XIV, écrit par Mgr Paul Guérin, Paris 1888.
Mgr Paul Guérin, né à Buzançais le 8 mars 1830 et mort à Châteauroux le 20 juin 1908, est un prêtre, professeur de philosophie, écrivain et camérier de Léon XIII. Il est surtout connu pour être l'auteur de la série « Les Petits Bollandistes : vie des Saints » dont les quinze volumes (1866-1869) furent plusieurs fois réédités. Dans l'Église catholique romaine, le camérier est un membre de la Famille pontificale, chargé du service personnel du pape. Nous pouvons donc affirmer sans réserve que la mention du fils de Dagobert II, **Sigisbert IV**, dans l'ouvrage de Mgr Guérin avait l'aval de l'Église catholique romaine.
Ce n'est certainement pas un hasard si les armoiries du Pape Léon XIII sont visibles sur le fronton de l'église de Rennes-le-Château, avec sa devise « Lumen in Coelo » (Lumière dans le ciel), telle qu'elle est présentée dans la Prophétie de saint Malachie. Il s'agissait du Pape officiant à Rome du temps de l'abbé Saunière et le texte de la prophétie était connu, même s'il n'est pas utilisé officiellement par l'Église. Léon XIII a lui-même affirmé : **« La première loi de l'histoire est de ne pas mentir; la seconde est de ne pas craindre d'exprimer la vérité ».**

père. Le saint prélat ramassa dans le pays une forte somme d'argent et engagea les princes anglais à lui donner du secours pour repasser en Austrasie. Dagobert partit aussitôt, mais ne put d'abord reconquérir ses droits ; alors Himnehilde demanda à Childéric l'Alsace et quelques cantons situés au-delà du Rhin, où Dagobert vint régner plutôt comme lieutenant de Childéric que comme véritable souverain. Ce dernier ayant été assassiné en 673, Dagobert recouvra tout le royaume d'Austrasie.

Les peuples avaient enfin entendu parler des vertus que ce prince avait pratiquées dans une terre étrangère ; ils s'attendaient à un règne heureux, et ils ne furent point trompés dans leur espoir. Jamais monarque ne veilla avec plus de soins sur les intérêts de ses sujets. Il leur rendit dans toutes les occasions une rigoureuse justice, et se fit chérir par la douceur de son gouvernement. La piété était le fondement de ses vertus et l'âme de toutes ses entreprises. On voyait se réaliser en lui ce que l'Apôtre avait dit autrefois *« que la piété était utile à tout ; que non-seulement elle promettait des récompenses dans ce monde à ceux qui mettent en pratique ce qu'elle enseigne ; mais qu'elle leur assure encore des dons bien plus grands au-delà du tombeau »*. La vie de Dagobert est une réponse énergique et irréfragable à ces détracteurs de la religion, qui osent prétendre que la vraie piété rétrécit le génie, énerve le courage et empêche l'homme de concevoir et d'exécuter rien de grand. Qu'on interroge l'histoire, qu'on examine les faits, et on verra ce prince lutter avec avantage contre la barbarie de son siècle, s'efforcer à effacer jusqu'aux dernières traces de la fureur destructrice des Vandales et des Huns, qui avaient fait des plus belles provinces un affreux désert. Dagobert, persuadé que la religion pouvait seule adoucir le sort des peuples et guérir les plaies profondes que deux invasions de barbares avaient faites partout, appela à son secours la puissance bienfaisante de cette religion et arrêta par elle le cours des maux publics. Non content de remplir avec une exactitude scrupuleuse les devoirs que le christianisme lui imposait, il chercha encore à faire participer ses peuples à l'influence salutaire des grâces qu'il procure, en fondant diverses maisons religieuses. C'est à sa générosité que les monastères de Surbourg, de Haslach et de Saint-Sigismond durent leur existence. Il trouva dans une sage administration des revenus de l'État les moyens d'enrichir ses provinces d'établissements aussi importants qu'utiles à cette époque. Son palais offrait toutes la régularité d'un monastère ; il était ouvert au dernier des sujets, qui pouvait en toute liberté aborder son roi et lui exposer sa situation. Jamais le pieux prince n'écouta les suggestions des flatteurs ; il bannit de sa cour ces hommes fourbes et scélérats, qui se jouent si indignement de la confiance des monarques et les trompent. Il aimait la vérité et la disait de même avec une franchise vraiment royale.

C'est à son zèle pour la religion que le diocèse de Strasbourg fut redevable de deux de ses plus illustres pontifes, saint Arbogaste et saint Florent, qui jouirent de sa plus intime confiance. Le premier de ces prélats obtint pour sa cathédrale le domaine de Rouffach et le château d'Issenbourg, en reconnaissance de l'insigne bienfait que le Seigneur avait accordé à Dagobert **en lui rendant un fils chéri, blessé à mort par une chute de cheval.**[66] Schadée

---

[66] Aucun auteur ne sut prouver la mort de Sigisbert IV suite au meurtre de son père dans la forêt de Woëvre. Le franciscain R.P. Vincent écrit : « Quant au Prince Sigisbert fils de Dagobert, apparemment qu'il mourut dans la même conjoncture que son père, ou peu de temps après, car l'auteur qui a continué la chronique de Fregédaire, dit positivement que les rois, c'est-à-dire Dagobert et son fils Sigisbert étaient morts en Austrasie, Defunctis Regibus, lorsque le duc Martin et Pépin d'Héristal reprirent les armes contre le roi Théodoric et Ebroïn, pour venger leur mort » (Abrégé de l'histoire du roi Dagobert II du nom, fils de saint Sigisbert, Nancy 1702). Tout ceci n'est donc que suppositions. Il serait fort douteux que les hommes de Dagobert II ne se soient pas saisis rapidement de son fils pour le faire fuir sur les terres du comte de Rhedae, son grand-père maternel.

Gérard de Sède écrivait à propos du livre de R.P. Vincent : « Regardez

rapporte que Dagobert fit en outre à la même église de magnifiques présents, consistant en plusieurs reliquaires, un calice d'or et un livre d'Évangiles garni d'or et de pierres précieuses. Réunissant ainsi toutes les vertus chrétiennes et royales, le monarque d'Austrasie était grand devant Dieu et devant les hommes, et cette grandeur, il la devait tout entière à la religion : loin d'en rougir, il s'en faisait même une gloire. Il menait une vie fort austère et pratiquait rigoureusement les jeûnes prescrits par l'Église. Sa table prêchait toujours la sobriété, même aux étrangers : il aimait mieux répandre en aumônes les sommes qu'il aurait pu dépenser en repas somptueux et en mets délicats.

Dagobert avait pris l'habitude de s'approcher souvent de la divine Eucharistie. Il se préparait toujours avec une admirable ferveur à la réception de cet auguste sacrement. Le Seigneur le comblait chaque fois de grâces particulières : de là ses progrès dans la perfection. L'Eucharistie a toujours fait et fait encore de nos jours les délices des Saints : elle les a fortifiés dans leur faiblesse, et est devenue pour eux une source de consolations dans cette vallée de larmes.

Pendant que Dagobert donnait à son royaume l'exemple des plus hautes vertus, il eut la consolation de voir en Alsace le bienfaiteur auquel il devait tout. Saint Wilfrid, devenu à son tour l'objet de persécutions de ses ennemis, quitta son diocèse pour aller à Rome chercher auprès du Saint-Siège quelques secours contre des agressions injustes. Dagobert, désirant s'attacher un homme d'un si grand mérite et lui témoigner en même temps sa vive reconnaissance des bons offices qu'il en

---

bien la page de titre. Sous couleur d'une citation de saint Jean vraiment insolite en cet endroit, l'auteur y avait glissé une phrase clef : **Il est au milieu de vous et vous ne le connaissez pas**. Voici la phrase dont Louis XIV avait peur : « [Pépin d'Héristal] prit le roi Théodoric, il se rendit le maître absolu des deux Frances, pouvant se dire, **sans être roi**, le Roi des Rois ». Quelques jours après sa publication, Louis XIV fit saisir le livre et mettre au pilon (La race fabuleuse, éd. J'ai Lu, 1973).

avait reçus, lui offrit l'évêché de Strasbourg, qui venait de vaquer par la mort de saint Arbogaste : mais Wilfrid était trop attaché à son troupeau pour l'abandonner si facilement ; il savait que les persécutions sont le propre des disciples d'un Dieu mort sur la croix, et loin d'abattre son courage, elles ne faisaient que l'augmenter. Il refusa donc l'offre du monarque austrasien, et continua sa route vers Rome.

Pour montrer son humble confiance en la sainte Vierge, Dagobert se voua lui-même comme serf de la cathédrale de Strasbourg. Son exemple porta la plupart des seigneurs de sa cour à l'imiter. Ces seigneurs, malgré leur titre de serf, conservaient cependant toujours leur liberté. Lorsque l'évêque pouvait les convaincre de félonie ou d'avoir trahi les intérêts de son église, soit par conseils, soit de fait, ils étaient condamnés à une forte amende. La consécration des serfs de l'église de Strasbourg se renouvelait tous les ans, le 27 février.

Dagobert avait perdu dans son enfance le trône de ses pères par l'ambition d'un maire du palais ; il va perdre la vie par les intrigues d'un autre. Ebroïn, homme cruel et sanguinaire, le même qui a trempé ses mains dans le sang de saint Léger, évêque d'Autun, abusait alors de la confiance de Thierry III et cherchait à démembrer le royaume d'Austrasie, pour augmenter sa domination et diminuer celle de Dagobert. Ce dernier, après avoir appris la conduite d'Ebroïn, s'adressa à Thierry et lui exposa ses sujets de plainte contre les entreprises injustes de cet ambitieux maire du palais. Pour mettre de son côté toute la justice, Dagobert fixa un délai, dans lequel on devait lui restituer les provinces qu'on avait détachées de l'Austrasie : mais ce délai expiré, Thierry ne se mit nullement en peine de satisfaire à la demande de Dagobert. Quoique ce pieux prince sût que le plus grand fléau par lequel le Seigneur puisse punir un empire, c'est de lui envoyer la guerre, il crut cependant devoir la déclarer à Thierry, afin de se maintenir dans la possession de ses États et obtenir en même temps la restitution des provinces que Thierry retenait si injustement. Dagobert recommanda toute cette affaire à Dieu, et le prit à témoin de la pureté de ses intentions. Il convoqua les grands de son royaume et les instruisit des motifs qui avaient dicté sa résolution. Tous furent d'avis de repousser par les armes les prétentions de Thierry et de lui arracher par la force les provinces qu'il ne voulait pas céder au bon droit.

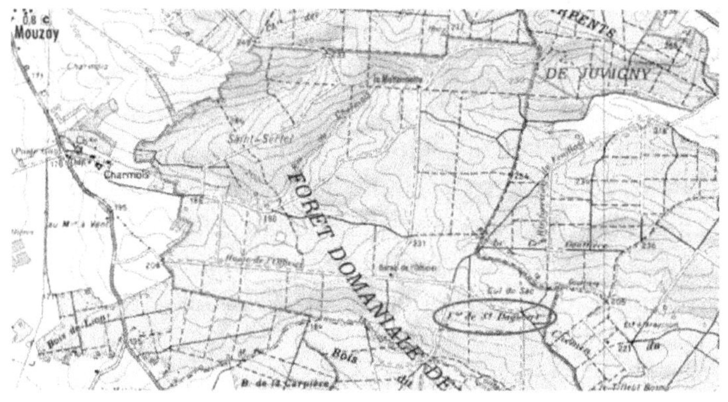

Localisation de la fontaine saint Dagobert, à Mouzay.

Dagobert se prépara à la guerre en roi chrétien. Pendant que l'armée s'assemblait avec ses chefs, le pieux roi, couvert d'un rude cilice, pratiquait des jeûnes et des austérités, afin de se rendre le ciel propice. Mettant ensuite toute sa confiance en Dieu, il s'avança à la tête de son armée. À l'exemple de David, il pouvait dire : *« Ceux-là espèrent dans le nombre de leurs chars et la vitesse de leurs coursiers ; mais nous autres, nous invoquerons le nom du Seigneur notre Dieu ».* Cette armée, qui était animée des mêmes sentiments que son roi, se faisait remarquer par la sévérité de sa discipline. Ce n'était point un corps que rassemblait l'espoir d'un riche butin ; il ne s'était armé que pour soutenir les droits légitimes de son prince. Les deux armées, arrivées sur les frontières de la Lorraine et de la Champagne, attendaient d'un moment à l'autre le signal du combat. Dagobert s'y préparait de nouveau par une prière fervente, lorsqu'il vit arriver dans son camp des envoyés qui l'invitèrent à une conférence, afin, disait-on, de terminer cette querelle amicalement et empêcher par là l'effusion du sang français. Le sage monarque témoigna aux envoyés combien il se félicitait de pouvoir finir cette affaire d'une manière également honorable et chrétienne, et après avoir donné ses ordres aux chefs de l'armée, il partit avec les envoyés, sans escorte ; se confiant à l'honneur de ces guerriers, il traversa avec eux la forêt de Woëvre, pour se rendre au lieu désigné. Mais faut-il donc que les Saints deviennent victimes de la perfidie d'un lâche scélérat ? À peine Dagobert était-il assez enfoncé dans la forêt pour ne plus être vu des siens, qu'il tomba dans une embuscade que lui avait dressée Ebroïn, et fut impitoyablement massacré par la main de Grimoald son filleul, le 23 décembre de l'an 679. C'est ainsi qu'un prince magnanime, qui avait fait le bonheur de ses sujets, termina sa carrière, lâchement assassiné par un vil mercenaire, au moment où, sans gardes, il s'était transporté, sur la foi jurée, au lieu où devait se terminer cette querelle.

On chercha d'abord à cacher cette mort, afin d'en dérober la honte, qui rejaillissait sur Thierry et ses conseillers criminels. Mais lorsque l'armée de Dagobert l'eut apprise, elle entra dans une fureur extraordinaire et voulut à l'instant même venger son chef malheureux. Les officiers eurent de la peine à réprimer ce noble courroux ; mais ils exposèrent que ce prince étant victime d'une infâme trahison, il jouissait déjà au ciel du fruit de ses vertus, et qu'il ne fallait pas conséquemment ensanglanter la victoire qu'il venait de remporter ; que d'ailleurs la religion que le roi avait professée avec tant de courage, défendait une effusion de sang qui n'aboutissait à aucun avantage.

Le martyre de saint Dagobert II, stèle conservée à Stenay.

La dalle des chevaliers (Sigisbert IV), conservée à Rennes-le-Château.

Ces considérations calmèrent l'effervescence des soldats ; les cris de fureur et les plaintes firent place à l'admiration. Chacun se plaisait à raconter les belles qualités d'un prince digne d'un meilleur sort, et à faire l'éloge de ses vertus. La voix publique plaça Dagobert au nombre des Saints, et le genre de sa mort le fit regarder comme martyr.

Saint Ouen, archevêque de Rouen, obtint avec peine le corps du saint monarque et le fit transporter dans son église. Il fut transféré plus tard dans l'église de Saint-Rémi de Stenay qui prit bientôt son nom. Il y attira les fidèles qui venaient de l'Austrasie et de la Belgique implorer la protection de leur monarque bien-aimé. En 872, l'archevêque Hincmar de Reims exhuma saint Dagobert et mit ses ossements dans une châsse ; mais, en 1591, les Huguenots pillèrent l'église de Stenay, et enlevèrent sa châsse d'argent, ornée de fleurs de lis d'or.[67]

---

[67] Extrait de l'Histoire des Saints d'Alsace, par M. l'abbé Hanckler ; et de l'Histoire de Verdun et du pays Verdunois, par M. l'abbé Clouët.

concert du 22 oct. 1993

Pays de **PLOËRMEL**

■ PLOERMEL

Concert Myrdhin : hymne à Brocéliande !

Le public

Pour sauver la Vallée de l'Aff, Myrdhin le poète - musicien a accepté de donner un concert exceptionnel à la chapelle de la communauté des frères de Ploërmel, vendredi soir.

Une centaine de personnes ont assisté à cette soirée au cours de laquelle l'artiste et son épouse Zil, ont apporté leur talent.

Sur le thème "Que veux-tu Brocéliande", Myrdhin a établit le contact avec les spectateurs pour leur communiquer ses sentiments face à la menace de disparition de ce site de la forêt légendaire.

D'autres manifestations auront lieu ponctuellement pour la défense de la Vallée, en particulier la journée du 6 novembre organisée par l'association SOS Brocéliande.

Les organisateurs ont prévu un nettoyage de rivière, la découverte guidée du site, un atelier de danses bretonnes, un repas cabaret, ainsi qu'un grand fest-noz avec la participation de nombreux artistes bretons. ■

Le harpiste Myrdhin est le représentant des néo-bardes de Bretagne

Vendredi le 22 octobre 1993, Guy Boulianne eut la chance de rencontrer brièvement le « harpeur » Myrdhin lors d'un concert donné à l'orée de la forêt de Brocéliande (Bretagne, France). Guy Boulianne était alors accompagné du chevalier, Eric Delafontaine, du troubadour Stéphane Deret, de la druidesse Branwenn et de plusieurs autres compagnons d'armes. Le Fils de l'Ours fit, pour cet événement, la une du journal de Ploërmel.

Pour sauver la Vallée de l'Aff, Myrdhin le poète – musicien avait accepté de donner un concert exceptionnel à la chapelle de la communauté des frères de Ploërmel. Une centaine de personnes ont assisté à cette soirée au cours de laquelle l'artiste et son épouse Zil, ont apporté leur talent.

Sur le thème « Que veux-tu Brocéliande », Myrdhin a établi le contact avec les spectateurs pour leur communiquer ses sentiments face à la menace de disparition de ce site de la forêt légendaire.[68]

[68] « Les Infos. Pays de Ploërmel » (27 octobre au 2 novembre 1993). Site internet : www.infosploermel.fr.

Le Congrès marial de 1947
La pérégrination de l'Arche d'Alliance symbolique

Exception faite de la visite de Jean-Paul II à Ottawa, en 1984, la plus grande manifestation religieuse dans la capitale fédérale du Canada demeure le Congrès marial tenu du 18 au 22 juin 1947. Cet événement soulignait le centenaire de la fondation du diocèse de Bytown/Ottawa et attire près d'un million de fidèles. Le congrès avait pour but d'approfondir la spiritualité mariale en rappelant le sens des expressions *Mère de Dieu, Mère du Verbe, Mère du Christ, Mère de l'Église, Mère des hommes, Reine du ciel et Reine du monde*.

Archevêque d'Ottawa depuis le 22 mai 1940, Mgr Alexandre Vachon était le maître d'œuvre du Congrès marial. Il réussit à faire venir soixante-quatre trains spéciaux qui déversent des milliers de congressistes à Ottawa. Des personnes de trente-huit langues différentes s'inscrivent au cours de la semaine pour participer à la dévotion filiale de Marie. Au total, quarante-huit pays envoient des représentants aux assises. Les fêtes religieuses publiques sont à divers endroits de la ville, permettant ainsi aux résidents et visiteurs d'être témoins de démonstrations d'une grande envergure et de processions en plein air.

Le Congrès marial d'Ottawa demeure un événement à très grand déploiement: vingt chars allégoriques lors de la procession mariale du 21 juin et trente chars allégoriques durant la procession eucharistique du 22 juin. Pas moins de 150 000 personnes reçoivent la communion au Colisée d'Ottawa, transformé alors en chapelle de la Paix. L'énorme reposoir érigé au parc Lansdowne accueille 112 hauts dignitaires ecclésiastiques (cardinaux, archevêques et évêques) et la messe pontificale du 22 juin attire 125 000 personnes. Les fidèles étaient venus prier pour la paix dans le contexte difficile du début de la guerre froide et de la fin de la Seconde Guerre mondiale.

Le congrès a vu les œuvres artistiques de Simone Routier, Jules Martel et Louis-Marie Guay qui ont été présentées au théâtre Capitol et au parc Lansdowne. Des expositions religieuses, des jeux lyriques et des spectacles avec de nombreux figurants costumés étaient offerts à l'Auditorium d'Ottawa. Quant à la troupe de théâtre Le Caveau d'Ottawa, elle présenta Notre-Dame du Bel Amour, de Soeur Paul-Emile, s.g.c., et Simone Routier, au théâtre Capitol d'Ottawa, du 15 au 22 juin. L'oblat Jules Martel fonda la Chorale du Congrès marial qui s'exécuta au parc Lansdowne (elle devient le Choeur Palestrina en 1948).

En la dernière journée de congrès, la foule est à son comble avec 500 000 personnes présentes. Ce fut un événement très solennel qui marqua profondément les consciences à l'époque. Mgr Vachon, qui avait planifié l'ensemble des événements, en fut récompensé par le pape Pie XII en étant nommé comte romain, ce qui lui permettait de célébrer la liturgie dans le cercle intime du pontife romain. Le cinéaste Maurice Proulx a filmé les jours du congrès.

Lors de son discours du 18 juin, son Éminence le Cardinal McGuignan, archevêque de Toronto et légat de Sa Sainteté le pape Pie XII, insista sur le caractère distinct du peuple Québécois : « *Ils ont la conviction imprégnée dans leurs âmes par les enseignements de leurs chefs spirituels qu'en s'attachant sans fanatisme à leurs traditions religieuses et ethniques, ils demeurent les artisans efficaces de liberté, de vérité, de force et de progrès. À ce titre, ils ont l'ambition de jouer un rôle de premier ordre dans la Cité, et ils se flattent de trouver le moyen de sauvegarder l'unité dans la diversité : unitas in diversitaste* ». Il poursuit plus loin : « *Les Canadiens Français s'honorent d'être les héritiers des premiers pionniers de ce pays. Ils ont reçu de nobles traditions, et de toutes ces traditions celle qui leur est la plus chère, c'est la foi catholique* ».

Le 18 juin 1947, Pie XII prononça ces paroles dans un Bref Papal : « *Nous plaçons notre espérance dans le Canada plein d'activité et très florissant pour la tâche si urgente et si grave de tout restaurer dans le Christ, de ramener le monde, hélas ! trop dévoyé, à la loi et à l'esprit de l'Évangile, et de le rétablir dans l'ordre et la tranquillité tant désirés* ». Le pape souhaite ainsi « *que nous soyons les amis insignes et les hérauts éloquents de cette vérité et de cette liberté qui sont de Dieu et qui mènent à Dieu* ». Le Cardinal McGuignan profita de l'occasion pour préciser que « *le souverain pontife a l'intime conviction que le Canada est, demeure et sera toujours un rempart puissant de liberté dans la justice et la charité* ».

Lors de la messe célébrée le 22 juin 1947, les évêques ont dit : Dieu pourra alors dire du Canada ce qu'il disait d'Abraham : « *Je ferai de toi une grande nation, et je te bénirai ; je rendrai ton nom grand et tu seras une source de bénédiction, et toutes les familles de la terre seront bénies en toi »*. Lors de la consécration du Canada à la Vierge Marie, le grand Cardinal Gerlie s'écria pour sa part : *« Ô Canada, soit fier, tu ajoutes aujourd'hui une page magnifique à la plus glorieuse des histoires »*.

À l'exemple de la France qui a vu passer la statue de Notre-Dame de Boulogne à travers des centaines et des centaines de paroisses depuis 1938, à la suite du troisième centenaire de la consécration de la France à Marie par le roi Louis XIII, le Canada a été témoin lui aussi des pérégrinations d'une statue mariale : celle de Notre-Dame du Cap, à Trois-Rivières au Québec.

Partie du Cap-de-la-Madeleine le 1er mai 1947, la madone a parcouru une distance de près de 484 Km en 47 jours, sous le vocable très significatif et symbolique de « Arche d'Alliance ». Partout sur son passage les fidèles se sont portés à sa rencontre et ont élevé leurs prières vers le ciel pour obtenir les bénédictions de la Souveraine sur le monde tourmenté.

Le Père Henri Thomas, oblat de Marie Immaculée, accompagna le périple de Notre-Dame du Cap qui sillonna la province jusqu'à Ottawa pour le congrès marial, qui fut un rassemblement prodigieux. C'est lui qui avait la charge de faire chanter les foules : 500 000 personnes, ce fut son jour de gloire…

Sanctuaire Notre-Dame-du-Cap - Le Prodige des yeux

Le Cardinal McGuignan disait lors de son discours : *« Les Canadiens Français ont aussi un culte spécial pour Marie, Mère du Sauveur. Ils ont élevé en son honneur sur tous les points de notre immense territoire des temples magnifiques qu'ils remplissent fièrement de leur présence et de leur filiale piété. Ils placent bien au-dessus d'elle le culte d'adoration qu'ils rendent à Dieu Tout-Puissant trois fois saint, mais leur vénération envers Marie est d'une incomparable tendresse ».*

Ce qu'on appelle le « Prodige des yeux » constitue le deuxième « événement fondateur » du Sanctuaire Notre-Dame-du-Cap. Le premier étant celui du Pont de glace.

Une fois la construction du nouveau temple terminé, l'ancienne petite église est libre. Le curé Luc Désilets peut remplir sa promesse et la dédier à la Vierge Marie. La cérémonie aura lieu le 22 juin 1888. Cette date est à retenir: elle marque le commencement du Sanctuaire Notre-Dame du Cap. Le père Frédéric, franciscain, (le Bienheureux Frédéric Jansoone) participe à la célébration et donne le sermon. Il a des paroles « prophétiques » : *« Dorénavant, ce sanctuaire sera celui de Marie. Des pèlerins viendront de toutes les familles de la paroisse, de toutes les paroisses du diocèse et de tous les diocèses du Canada ».*

Jusque-là, la statue de la Sainte Vierge s'était trouvée dans la chapelle latérale de la petite église. Après la messe de ce 22 juin, elle fut placée au-dessus du maître-autel où elle est toujours depuis. L'ancienne église paroissiale de Sainte-Marie-Madeleine devenait officiellement le Sanctuaire de Notre-Dame du Très Saint Rosaire. C'était là le titre de la Vierge honorée à Cap-de-la-Madeleine.

Ce même jour du 22 juin 1888, vers 19 heures du soir, trois hommes entrèrent prier dans la petite église nouvellement dédiée à la Vierge du Rosaire. C'était le curé Désilets, le père Frédéric et M. Pierre Lacroix, un homme handicapé. Pendant qu'ils priaient devant la table de communion, quelque chose d'extraordinaire se produisit. Voici comment le père Frédéric en a parlé :

« La statue de la Vierge, qui a les yeux entièrement baissés, avait les yeux grandement ouverts; le regard de la Vierge était fixe; elle regardait devant elle, droit à sa hauteur. L'illusion était difficile : son visage se trouvait en pleine lumière par suite du soleil qui luisait à travers une fenêtre et éclairait parfaitement tout le sanctuaire. Ses yeux étaient noirs, bien formés et en pleine harmonie avec l'ensemble du visage. Le regard de la Vierge était celui d'une personne vivante; il avait une expression de sévérité, mêlée de tristesse. Ce prodige a duré approximativement de cinq à dix minutes ».[69] [70] [71]

---

[69] Journal L'Express, Semaine du 12 juin au 18 juin 2007, Ottawa.

[70] Université d'Ottawa – CRCCF, Ontario, Canada.

[71] Bibliothèque et Archives nationales du Québec (BAnQ), Canada.

Guy Boulianne est désormais citoyen et Duc de la micronation de Ladonia

30 novembre 2015 : *Guy Boulianne devient un citoyen et un Duc de la micronation de Ladonia, en Suède (No. de citoyen : 2015-17621).* Ladonia n'est reconnue par aucun pays dans le monde. Cependant, plusieurs universitaires considèrent Ladonia comme étant une exception : les titres de noblesse ne sont donc pas des faux parce qu'ils sont des titres Ladonien. Ce ne sont pas non plus de faux titres anglais, belges, français ou allemands, mais des titres appartenant à un pays non reconnu par les États. Mais pour éviter les malentendus, aucun Ladonien n'utilise son titre de noblesse dans la vraie vie, et ne croit que ceux-ci sont réels.

Nimis vue depuis la baie.

Ladonia (en suédois: Ladonien) est une micronation proclamée en 1996 à la suite d'une bataille judiciaire de longues années entre l'artiste Lars Vilks et les autorités de Suède à propos de deux sculptures dont il est l'auteur. Le territoire revendiqué se situe dans la réserve naturelle de Kullaberg, formant une enclave dans le Sud du pays. Elle n'est reconnue par aucune nation, seulement par d'autres micronations.

En 1980, Lars Vilks commence la construction de deux sculptures, Nimis (« Sans titre », une structure composée de 75 tonnes de bois déposé par la mer) et Arx (« forteresse », faite en pierre) dans la réserve de Kullaberg, dans le Nord-Ouest de la Scanie, près du village d'Arild, commune de Höganäs. L'emplacement des sculptures est difficile à atteindre et elles ne sont connues que deux ans après leur élévation, lorsque le conseil municipal déclare ces sculptures comme des bâtiments et qu'en conséquence, au vu de la loi, elles doivent être détruites. Les sculptures deviennent pourtant une attraction touristique.

Vilks fait appel de la décision, mais perd. Il fait appel à plusieurs reprises, le gouvernement suédois propose sa médiation. Cependant Nimis est racheté auprès de Vilks par Christo et Jeanne-Claude, après la mort de Joseph Beuys, qui en était devenu propriétaire en 1984.

En 1996, Vilks déclare la micronation de Ladonia en signe de protestation envers le conseil local.

En 1999, une autre sculpture, Omphalos, est créée. Elle est faite de pierres et de béton, fait 1,61 m de hauteur pour un poids d'une tonne. La Fondation Gyllenstiernska Krapperup, formée pour promouvoir l'art et la culture, porte plainte. En août 1999, le tribunal du district ordonne son retrait. La fondation demande aussi le retrait de Nimis et d'Arx, mais le tribunal rejette sa demande. Elle fait appel à la Cour Suprême, qui rejette aussi sa demande. La police ne peut pas identifier Vilks comme l'auteur, mais le tribunal considère que oui.

La suppression d'Omphalos fait l'objet d'une controverse. Vilks demande un moyen acceptable de retirer son œuvre. Il propose de la faire exploser le 10 décembre 2001, le jour de la remise du prix Nobel de la paix. Le conseil du comté prend une décision le 7 décembre qui ne sera révélé que le 10. Entre-temps, l'artiste Ernst Billgren rachète la sculpture à Vilks et demande qu'elle ne soit pas endommagée. Dans les premières heures du 9 décembre, un bateau-grue envoyé par les autorités enlève la sculpture et une facture de 92 500 couronnes est envoyée à Vilks. Malgré la demande du nouveau propriétaire, la sculpture est endommagée durant la manutention.

Par la suite, Vilks demande au conseil local pour élever un monument rendant hommage à Omphalos là où elle se trouvait. Une autorisation est accordée, sous condition que le monument ne fasse pas plus de 8 cm de haut. Cette condition est respectée, l'œuvre est inaugurée le 27 février 2002.

En juillet 2006, un site web satirique, « les Forces de la Coalition Armée des Internet » (« the Armed Coalition Forces of the Internets » [ACFI]), déclare la guerre à la micronation, sous prétexte qu'elle n'a pas reconnu les droits à Internet et au piratage à ses citoyens.

Citoyenneté et constitution

Au moment de sa création, Ladonia n'avait aucune population. Au moment où nous écrivons ces lignes, il y a 17 752 Ladoniens issus de plus de 50 pays. Aucun n'est résident à Ladonia, il y en eut un seul par le passé.

Le gouvernement de Ladonia est conjointement dirigé par une reine et un président. Le président et le vice-président sont élus tous les trois ans, tandis que la reine, une fois couronnée, règne à vie. L'actuel président est membre du parti de la république royaliste. Vilks est secrétaire d'État, il supervise ou exécute les opérations de la micronation comme la remise de la citoyenneté et la rédaction du journal « national ». Le conseil des ministres constitue le pouvoir législatif et participe à des débats et des votes de propositions de lois via Internet. De nombreux ministères ont des connotations artistiques et des noms fantaisistes.

Sa Majesté la Reine Carolyn est le chef de l'État de Ladonia. Elle a été élue par le Conseil des ministres et proclamée Reine le 2 Juin 2011, la Journée nationale Ladonian. Son couronnement a eu lieu à Nimis en Septembre 2011.

La Reine est l'aînée de trois enfants, nés de parents américains, et elle a grandi près de Chicago, Illinois. Elle réside actuellement aux États-Unis avec son mari, le Prince David, et leurs enfants, SAR la Princesse couronnée, SAR le Prince Jean, et SAR le Prince David Edward.

La Reine est le monarque constitutionnel et le chef de l'État dans Ladonia, et elle assume certaines fonctions constitutionnelles et de représentation tel que défini par la Constitution Ladonian, ou lorsque le besoin se fait sentir. Les fonctions incluent souvent de jouer un rôle dans des fonctions étatiques internes (ex: le Parlement doit être ouvert, les décrets doivent être approuvés, les lois du Parlement doivent être signés, et des réunions avec le Président doivent être tenues) et également d'exiger que la Reine soit disponible à l'extérieur de Ladonia pour le reste du monde (c-à-d recevoir les ambassadeurs étrangers et les hauts-commissaires, divertir les chefs d'État lors des visites, et de faire des visites d'État à l'étranger pour d'autres pays, à l'appui des relations diplomatiques et économiques).

À propos de Sigisbert VI, prince Ursus, vicomte de Nîmes. Roi mérovingien [1]

Le roi mérovingien Dagobert II se maria une première fois avec Mathilde (ou Béchilde), de souche irlandaise, en 666. Celle-ci est décédée en 671. Sans enfant, Dagobert se remaria, par l'entremise de saint Wilfrid, à la princesse saxonne Gisèle, fille de Bera II, comte de Rhedae, et de Gislica, fille de Tulca, 1er comte de Rhedae, roi des wisigoths. Ils eurent un fils qu'ils nommèrent Sigisbert, et quatre filles, Irmine, Adèle, Rathilde et Ragnétrude.[72]

Pour l'histoire officielle, la dynastie mérovingienne disparaît en 679 avec l'assassinat de Dagobert II. En réalité elle se perpétua avec son fils Sigisbert IV, et ce, sans aucun doute. L'abbé Vigneron tomba sur un courrier de Mgr Mangin faisant état d'un curieux manuscrit. Mgr Mangin aurait appris l'existence d'un parchemin qui appartenait aux moines d'Orval avant la révolution et qui se serait trouvé avec le crâne de Dagobert II avant d'être transféré à Mons. Que dit ce parchemin ? L'écrit, signé de Sainte Irmine, abbesse d'Oeren en 708, fille de Dagobert II, raconte l'assassinat de son père, le refuge de son frère Sigisbert IV au monastère d'Oeren, puis le 17 janvier 681 à Rhedae, capitale du Razès.[73]

Sigisbert IV prit la succession de son oncle au titre de duc de Razès et comte de Rhedae d'où il prit le surnom de « Plant Ard ». Malgré l'ignorance historique de ces faits, on découvre un document qui en fait la preuve, la charte de la

[72] Saint Dagobert II, roi d'Austrasie, martyr, patron de Stenay, au diocèse de Verdun. Les petits Bollandistes, vies des saints de l'Ancien et du Nouveau Testament, tome XIV, écrit par Mgr Paul Guérin, Paris 1888.

[73] Histoire de France de la préhistoire à nos jours.

Villa Capitanarias (dite ultérieurement de la Villa Trapas, 718), qui relate que Sigisbert et son épouse Magdala auraient construit le monastère Saint-Martin Lys, situé près de Rennes-le-Château. Deux cents ans plus tard cette lignée donnera naissance à Bernard Plantevelue, ainsi qu'à Sigisbert VI appelé prince Ursus. Ce dernier est l'ancêtre de la famille de Châtillon, dont le pape Urbain II qui prêcha la première Croisade,[74] et de la famille de Joinville, et donc celle des Lusignan.

[74] Etienne Pattou, Racines et Histoire : http://racineshistoire.free.fr/LGN/PDF/Chatillon.pdf.

Les très sérieux dominicains Dom Devic et Dom Vaisette relatent l'Invention des reliques de Saint Baudile en 878, alors que Ursus était vicomte de Nîmes (Histoire générale de Languedoc). L'évêque Gibert, qui occupait encore le siège de Nimes, assisté de Wilfred ou Walafrid, évêque d'Uzès, et de plusieurs autres prélats et abbés, s'étant rendus en solennité à l'église de Saint Baudile le 14 avril de cette année 878, on fouilla partout, et l'on découvrit heureusement les reliques de ce saint sous un des murs, dans un cercueil de plomb, où saint Romule les avait renfermées. La joie fut générale. Les évêques entonnèrent le Te Deum qui fut chanté par des ecclésiastiques qui étaient présents, et qu'on assure avoir été au nombre de cinq cents.[75] Ce fut probablement à ce moment que le prince Ursus se fit couronner en tant que roi par cette assemblée de nobles et de prélats : *« Cum principe Urso, quem comes vice sua misit, celeriter urbem Nemausum adierunt »*.

Lorsqu'il fut nommé roi, Ursus organisa une insurrection contre le roi Louis II. Il fut aidé par Bernard d'Auvergne et par le marquis de Gothie. Cette rébellion ou insurrection contre le roi Louis II est la preuve que les Mérovingiens ont tenté de reprendre ce qui leur avait été subtilisé. Ursus (Sigisbert VI) fut battu près de Poitiers en 879. Mort ou disparu en Bretagne, sa famille se fondit avec la noblesse bretonne. Le sang mérovingien coulait donc dans les veines des ducs de Bretagne et d'Aquitaine. Une partie de cette famille partit pour l'Angleterre où elle fonda la branche appelée « Planta ».[76]

Les exploits du roi Ursus eurent de longs échos. Ces échos fournissent des liens cruciaux dans l'étrange histoire du développement des légendes arthuriennes et la Matière de Bretagne. Il est l'archétype de ce roi Arthur, mythe celtique

---

75 Léon Ménard, Histoire des antiquités de la ville de Nimes.

76 The Plant Family History Group : www.plant-fhg.org.uk.

du Haut Roi qui a navigué au pays des morts et récupérer le chaudron de la régénération.[77]

Les Dossiers secrets d'Henri Lobineau

Il y a une vingtaine d'années, j'eu la chance, lors de mon second voyage en France, de me faire remettre un précieux document réunissant plusieurs tableaux généalogiques et portant le titre suivant: *Dossiers Secrets d'Henri Lobineau.* Quelle ne fut ma surprise d'apercevoir le nom d'Ursus à la planche No. 2 de ce dossier et ma joie s'intensifia encore lorsque je constatai que le petit-fils présumé de cet Ursus possédait un blason similaire à celui de notre propre famille, les De Bouillanne : « De gueules à une patte d'ours d'or ».

Les Dossiers secrets d'Henri Lobineau (aussi appelés le Dossier Lobineau ou les Dossiers secrets) sont une série de documents dactylographiés, élaborés par le français Pierre Plantard et son ami Philippe de Chérisey puis déposés entre 1964 et 1967 à la Bibliothèque nationale de France sous la forme d'un don anonyme. Ces documents seraient des *« preuves inventées par les auteurs dans le but de mettre en place une monarchie française dirigée par un descendant des rois Mérovingiens ».* Ils sont enregistrés sous la cote 4° LM1 2491 et sont datés de 1975 dans le fichier central. Ce ne sont nullement des parchemins mais des documents contemporains, aujourd'hui microfilmés et accessibles aux chercheurs. Ils se présentent comme un mince volume, chemise à couverture rigide contenant un assemblage hétéroclite de documents : coupures de presse, lettres, encarts, plusieurs arbres généalogiques et pages imprimées d'autres ouvrages, et à plusieurs reprises d'ailleurs subtilisées puis remplacées par d'autres, elles-mêmes surchargées parfois de notes et de corrections manuscrites.

[77] Jean-Pierre Garcia, Rennes-le-Château.

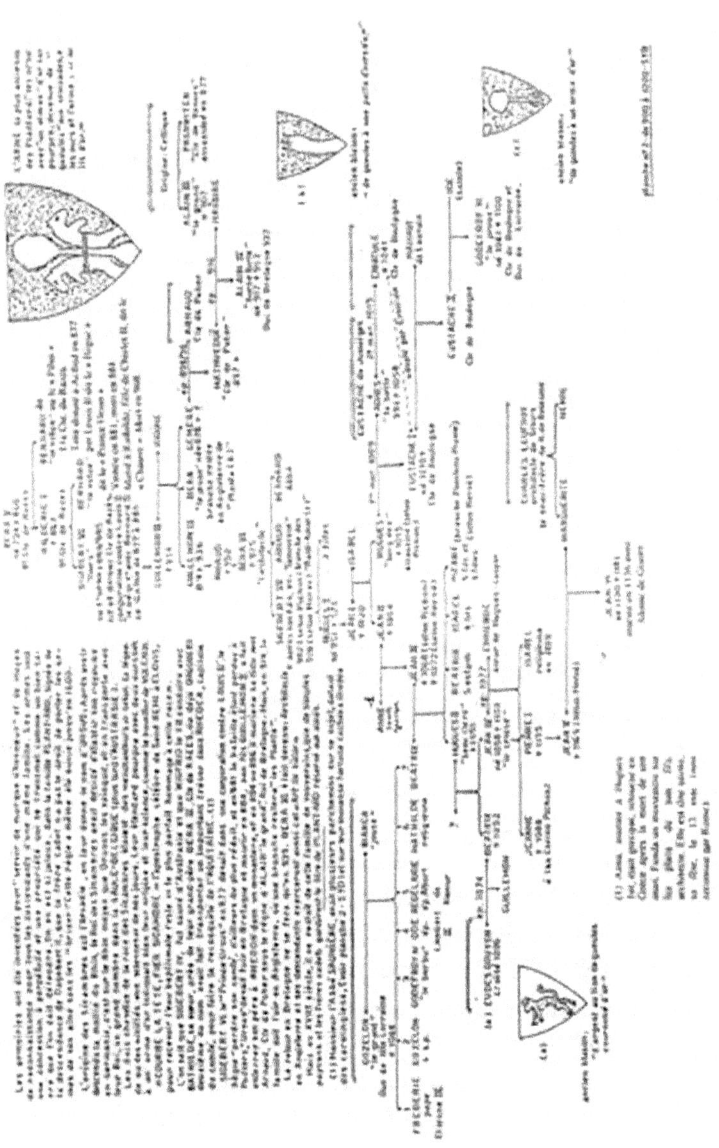

Dossiers secrets d'Henri Lobineau, 4° LM1 2491, Bibliothèque nationale de France.

Parmi ces dossiers, un manuscrit datant de 1956 affirme l'existence d'une société secrète, le Prieuré de Sion, et relate son histoire depuis sa fondation en 1099 par Godefroy de Bouillon. On y trouve aussi la liste des grands maîtres qui se seraient succédés à la tête de l'organisation depuis le XIIe siècle, parmi lesquels figurent Léonard de Vinci, Isaac Newton, Victor Hugo, Claude Debussy, Jean Cocteau. La mise en parallèle de ces généalogies avec l'objectif du Prieuré de Sion confirme en réalité les ambitions de Pierre Plantard. En effet, on peut supposer que lorsque celui-ci laisse entendre que la mission du Prieuré est de restituer la dynastie mérovingienne en France en s'appuyant sur la mythologie de Rennes-le-Château, il sous-entend que leur héritier légitime n'est autre que lui-même.[78]

Quoi que l'on puisse en penser, il est indéniable que Pierre Plantard est un personnage incontournable de l'affaire moderne de Rennes-Le-Château. C'est lui qui, pendant de nombreuses années « guida » de nombreux auteurs dans les structures de leurs ouvrages. Nous pouvons citer sans soucis, Gérard de Sède : « Les Templiers sont parmi nous » et « Le Trésor Maudit de Rennes-Le-Château », Henry Lincoln, Richard Leight et Michael Baigent : « L'Enigme Sacrée »[79] et « Le Message ».[80] En 1993, Pierre Plantard sera interrogé par la justice dans le cadre de l'enquête sur la mort de Roger-Patrice Pelat, ancien ami de François Mitterrand. Plusieurs documents retrouvés chez lui le présentent comme étant le « vrai Roi de France ». C'est alors que Plantard avouera son illégitimité de roi de France et recevra le conseil *« de ne plus jouer avec la justice française »* (sic!).

---

[78] Societe Périllos, Quelques documents apocryphes.

[79] L'Énigme sacrée, par Henry Lincoln, Michael Baigent et Richard Leigh (1982).

[80] Rennes-Le-Château, JP Pourtal, La mort étonnante de Pierre Plantard : www.rennes-le-chateau.org.

Ces dernières années, Pierre Plantard a été la victime de journalistes et d'auteurs sans scrupules qui se sont ingéniés malicieusement à le diffamer et à le discréditer sur la place publique. Nous considérons cela comme une injustice puisque – pour notre part – nous croyons fermement que Pierre Plantard était l'agent d'une société bien secrète, et que sa mission consistait à sensibiliser le monde à une histoire non-révélée, et surtout à provoquer l'éveil et le retour de ce Roi Perdu, caché et endormi depuis toujours dans un profond sommeil. En cela il aura particulièrement bien réussi !

Pierre Plantard resta isolé de 1993 jusqu'à sa mort. Décédé le 3 février 2000, l'annonce ne fut faite que le 17 juin de la même année, mais en indiquant une date de décès au 13 juin. Sa mort fut donc aussi nimbée de mystère....

Un Roi Barbare, par Michel Sardou (1976)

Pouvons-nous douter un seul instant de l'existence de ce Roi Perdu qu'est Sigisbert VI, dit le Prince Ursus,[81] qui se rebella contre Louis le Bègue en 877 aux côté de Wilfred le Velu et Bernard II Platevelue ? Nos doutes s'estompent lorsque nous prenons connaissance de certains ouvrages dont le sérieux de leurs auteurs ne peut être mis en cause.[82] Les premiers, les dominicains Dom Devic et Dom Vaisette mentionnent la présence d'Ursus lors d'une renonciation qu'il fit en 885 avec son beau-frère Théodoric des biens que le feu comte Eckard avait donnés au monastère de Fleury-sur-Loire. D'autres auteurs affirmant que le prince Ursus était l'époux de Berthe, soeur du comte Hucbaud, beau-frère de Béranger le Vieux, Roi d'Italie, et gendre de Gisèle, petite-fille de l'Empereur Charlemagne.[83]

---

[81] Annuaire de la noblesse de France et des maisons souveraines de l'Europe, par Borel d'Hauterive (1844), page 28.

[82] Le Razès historique, permanences et ruptures, par André Bonnery, p. 10.

[83] Dictionnaire de la noblesse : contenant les généalogies, l'histoire et la chronologie des familles nobles de France. Tome 5. par de La Chenaye-Desbois et Badier (1864), page 447.

Le grand initié Michel Sardou s'est souvent fait le chantre de ce Roi Perdu, de ce Grand Monarque *qui dort derrière les lourdes portes d'un tombeau.*

Ne nous méprenons pas, le Roi Barbare est en réalité le Fils de l'Ours, en langue gothique *Bär Baur*. Les Fils de l'Ours sont « les homme nés », nés de père en fils au sein de la tribu et par là même nobles. C'est pourquoi, par opposition à l'esclave, l'homme libre était appelé Bar, mot qui a donné celui de « baron ».

Alaric, reproduction photographique de 1894 d'une peinture de Ludwig Thiersch.

Pour toutes ces raisons, les Goths avaient l'ours pour emblème et le conservèrent longtemps puisqu'ils le portaient encore sur leurs étendards à la bataille de Vouillé (507) et qu'il figure sur les armoiries de plusieurs villes qu'ils ont fondées ou occupées, comme Björneborg (littéralement la ville de l'ours), Hammerfest, Novgorod, Madrid, etc.[84]

---

[84] Gérard de Sède, "Le mystère gothique : des runes aux cathédrales", Robert Laffont, Paris 1976.

Guy Boulianne est désormais Baron au sein de la Principauté de Sealand

1 février 2016 : *Guy Boulianne est désormais Baron au sein de la Principauté de Sealand (No. de citoyen : 1766215057).*

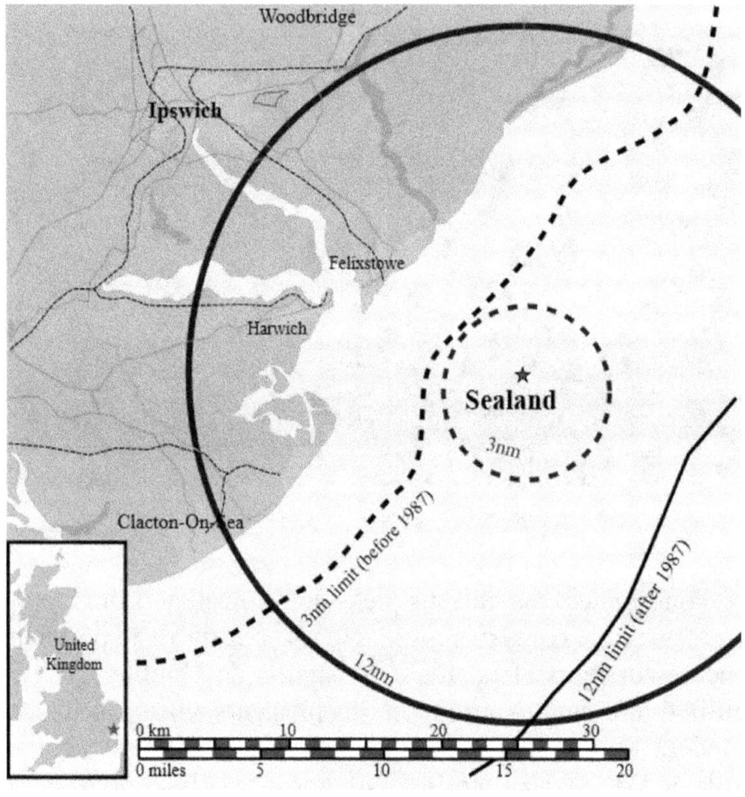

Carte de Sealand.

La principauté de Sealand[85] est une micronation installée sur une ancienne plate-forme militaire appelée Fort Roughs, créée au large du Royaume-Uni par la Royal Navy, dans les eaux internationales de la mer du Nord. Le fort assurait la protection contre les raids aériens allemands pendant la Seconde Guerre mondiale. Il avait été désarmé et laissé à l'abandon après le conflit.

La particularité de Fort Roughs par rapport aux autres plates-formes de l'estuaire de la Tamise posées pendant la guerre est d'être situé dans les eaux internationales et donc de ne dépendre, à l'époque de la prise de possession, d'aucune législation particulière.

Aujourd'hui et depuis 1987, le territoire se situe à l'intérieur des eaux territoriales britanniques et fait donc administrativement partie, selon le Royaume-Uni, du comté anglais de l'Essex.

La principauté de Sealand est considérée par ses partisans comme une micronation. Elle n'est reconnue par aucune des nations qui constituent les Nations unies. Sa population n'excède que rarement cinq habitants et sa surface habitable est 550 m² environ, si bien qu'elle est souvent décrite comme le plus petit pays au monde par sa superficie. Elle est située à 10 km des côtes de Suffolk, en Angleterre, et est occupée depuis 1967 par les membres de la famille de Prince Roy et ses sujets.

Malgré l'étroitesse de la plate-forme, et son incapacité à s'agrandir, Sealand pourrait accueillir davantage d'habitants puisque durant la Seconde Guerre Mondiale des garnisons britanniques pouvant contenir jusqu'à 300 membres ont alors occupé la plate-forme.

---

[85] La principauté de Sealand : www.sealandgov.org.

Si en la vendant les Bates tablent sur un rajeunissement de la population de Sealand, *« On possède l'île depuis 40 ans, mais maintenant, mon père est âgé de 85 ans, peut-être que le temps est venu d'un rajeunissement »*, cela signifie sans doute que la principauté peut accueillir un nombre plus important de personnes qu'actuellement. Michael Bates va même jusqu'à faire naître l'idée que les cylindres soutenant la plate-forme seraient aménagés et contiendraient un nombre impressionnant de pièces de toutes sortes et notamment de 7 chambres. Tout semble y être aménagé pour pouvoir y vivre et y travailler confortablement : *« Chaque tour a 7 étages et 7 chambres. La plateforme en compte encore une douzaine. Il y a également une salle de conférences, une installation de dessalement de l'eau de mer, une chapelle et une prison ».*

Depuis 1968, le Gouvernement britannique n'est plus intervenu dans les affaires de la Principauté, laissant à la famille Bates le soin d'administrer son « Etat ». Lors d'une interview conduite par Julie Le Baron en juin 2011, Michael Bates (actuel Prince Régent et fils de Paddy Roy Bates) a résumé les relations de Sealand avec le gouvernement britannique de la façon suivante : *« Elles sont très bonnes. Ils font comme si on n'existait pas et en réponse, on les ignore aussi. Je crois que tout le monde est content ».*[86]

[86] Référence : www.vice.com/fr.

La princesse de la Principauté de Sealand, Joan Bates, est décédée à 86 ans

La princesse de la Principauté de Sealand, qui a régné sur une plate-forme minuscule au milieu de la mer du Nord, est décédée le 10 mars 2016 à l'âge de 86 ans. Joan Bates a reçu son titre royal lors de son anniversaire, de la part de son mari Roy, après que celui-ci ait occupé la plate-forme en 1967 et l'ait déclarée comme étant un pays indépendant. À ce jour, la Principauté de Sealand continue d'agir comme un État souverain. Elle émet toujours sa propre monnaie à l'effigie de Mme Bates.

La princesse est décédée dans une maison de soins infirmiers à Leigh-on-Sea, dans l'Essex, après une longue maladie. Son fils Michael âgé de 63 ans – le prince actuel de Sealand – a rendu hommage à sa mère et à son rôle dans l'établissement de la principauté il y a près de 50 ans : *« Ma mère était une femme magnifique »*, a déclaré M. Bates. *« Elle est née à Aldershot Barracks et son père était dans la Royal Horse Artillery et ils ont ensuite été stationnés à Shoebury Barracks. Mon père a déclaré l'indépendance de Sealand pour son anniversaire le 2 Septembre 1967, donnant à ma mère son titre de princesse »*.

Sealand est un fort militaire construit pendant la Seconde Guerre mondiale à six miles nautiques au large de la côte d'Essex. Il devait être démoli après la fin du conflit, mais Roy Bates l'a repris pour faire fonctionner Radio Essex, une station de radio privée. Avec sa femme et leurs enfants adolescents Michael et Penny, le Disc Jokey a continué à vivre sur Sealand pendant des années. Il fit face à l'opposition du gouvernement britannique qui craignait que la plate-forme pourrait devenir un État communiste comme Cuba. Cependant, en 1968, un juge a décidé que *« les tribunaux britanniques n'ont aucune compétence »* sur Sealand, permettant à la famille Bates de continuer à opérer le territoire comme un pays indépendant.

Michael Bates, qui a vécu sur la plate-forme avec sa femme et sa fille au cours des dernières années, a dit que sa mère avait été un élément essentiel à l'établissement du projet Sealand. Il a dit: *« Ma mère était une beauté naturelle qui a consacré sa vie à son mari. Ancienne top modèle et reine de carnaval, Joan a mené une vie de haut niveau aux côtés de mon père. Elle est devenue très impliquée par le phénomène des radios pirates au large des côtes, et elle a aidé à établir Radio Essex. Elle a fait beaucoup pour la charité tout au long de sa vie, en particulier pour la RNLI ».* Le petit-fils de Mme Bates, James (29 ans), a ajouté: *« Ma grand-mère était belle et pleine de vie. Elle était toujours impeccablement vêtue et très glamour. Elle a été modèle pour toutes sortes d'entreprises ».* Il ajoute : *« Je passais quelques semaines par an sur Sealand. Papa avait seulement 12 ans quand il est allé pour la première fois à Sealand. Quand je raconte tout cela à mes amis, ils sont toujours très surpris ».*[87]

[87] Source : www.dailymail.co.uk.

Les De Bouillanne, chevaliers Templiers de la Commanderie de Richerenches

Sachant que la lignée des De Bouillanne descend du Roi Ursus (Patte d'Ours), et par le fait même du roi mérovingien Dagobert II, de la princesse wisigoth Gisèle de Rhedae, et de l'exilarque Theodoric IV de Narbonne (représentant officiel du puissant judaïsme babylonien), il aurait été pour le moins étrange que cette famille n'eut pas de lien avec les Pauvres Chevaliers du Christ et du Temple de Salomon ? Ceci est confirmé dans le Cartulaire de la Commanderie de Richerenches de l'Ordre du Temple (1136-1214), dans lequel trois membres de la famille sont nommés. Il s'agit de Villelmus Bollana, de Petrus Bollana et de Stephanus Bollana.

Après la défaite de Sigisbert VI (Ursus) contre son beau-frère Louis II le Bègue en 879, une partie de ses descendants fit souche dans le Vaucluse et la Drôme, où ils devinrent probablement les seigneurs de Bollène d'où le nom de Bouillanne (Abolena, de Bollanicis). Le Prieur de Bollène, Berengarius de Bollène, est nommé dans le Cartulaire de Richerenches. D'ailleurs, une charte du Cartulaire de Léoncel, celle « d'Adhémar Richau de Rouisse et de quelques autres au sujet d'Ambel », datée du 21 septembre 1245 et traitant de la confirmation d'une donation au monastère, cite parmi les témoins un dénommé Umberto de Bollana, Humbert de Bouillanne.[88]

Le Cartulaire de Richerenches est le plus ancien des sept cartulaires des ordres militaires de la Provence occidentale et de la Basse vallées du Rhône, quatre de l'Hôpital et trois du

[88] Gazette de l'Ours – Introduction de l'historien Michel Wullschleger.

Temple, dont les dates de confection s'échelonnèrent entre le milieu du XIIe et le milieu du XIIIe siècle. Le Cartulaire de Richerenches a été réalisé progressivement dans le troisième quart du XIIe siècle. Il contient non seulement les actes relatifs à la commanderie templière elle-même, mais aussi dix actes concernant Roaix, qui en dépendait avant de devenir une maison autonome en 1148.[89]

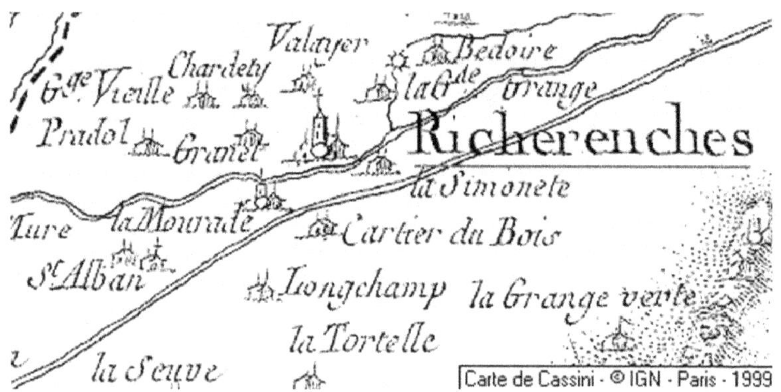

La commanderie de Richerenches

La Commanderie de Richerenches est une commanderie templière du XIIe siècle. Elle est située au centre de la commune de Richerenches, village provençal d'environ 600 habitants dans l'Enclave des papes (morceau de Vaucluse inclus dans le département de la Drôme). Elle fait l'objet d'un classement au titre des monuments historiques depuis le 28 décembre 1984.

La commanderie est fondée en 1136 par le frère templier Arnaud de Bedos, chargé de prospecter en Provence à la

[89] Les cartulaires, actes de la table ronde organisée par l'Ecole nationale des chartes et le G.D.R. 121 du C.N.R.S (Paris 5-7 décembre 1991), réunis par Olivier Guyotjeannin, Michel Parisse et Laurent Morelle (Genève et Paris : Librairie Droz et Librairie H. Champion, 1993 ; in-8°, 519 pages, planches, cartes, figures [Mémoires et documents de l'Ecole des chartes, 39].

recherche de terrains et de recrues.[90] Le lieu-dit Ricarensis (qui donnera le nom de Richerenches) lui est donné par le seigneur local Hugues de Bourbouton, sous l'impulsion de l'évêque Pons de Grillon. Encouragé, il fit venir les frères Guichard et Hugues de Parnac, deux autres chevaliers du Temple. Leur arrivée amplifia le mouvement de donation. Cette même année ce furent 18 seigneurs du Tricastin qui cédèrent aux templiers les biens qu'ils possédaient entre le ruisseau de l'Essonne et l'étang du Grenouillet avec droit de chauffage et droit de pâture.

Parmi les nobles donateurs, nous pouvons citer les sires de Pierrelatte, de Saint-Pastor, de Veteris et de Carbonel.[91] Arnaud de Bedos accepta d'être le premier commandeur du nouvel établissement templier de Richerenches.[92]

L'ordre du Temple y fait construire une ferme fortifiée (Mas) ainsi qu'une chapelle achevée en 1147. L'ordre fait également assécher les marais environnants.

En 1138, « Richerenches » devient une commanderie avec sous ses ordres de nombreuses autres maisons de Provence. L'agrandissement sera constant, à partir de cette période. La commanderie deviendra préceptorie et étendra donc ses possessions. Elle exerça des droits suzerains sur les commanderies de Visan, Sainte-Cécile-les-Vignes, Grillon, Valréas, Buisson, Bouchet, Cairanne (dont on peut voir encore l'église romane et le « Donjon des Templiers ») et Saint-Paul-Trois-Châteaux.

---

[90] J.-A. Durbec, "Les Templiers en Provence. Formation des Commanderies et répartition géographique de leurs biens", Fédération historique de Provence : http://provence-historique.mmsh.univ-aix.fr.

[91] Découverte du Pays d'Azur, "Les Templiers et les Hospitaliers, des moines soldats en Provence", 16 février 2013 : http://pays-d-azur.hautetfort.com.

[92] Olivier Petit, "Richerenches. Commanderie templière et hospitalière", La France Médiévale – Art et Histoire, 4 mai 2015 : http://lafrancemedievale.blogspot.ca.

L'activité de cette commanderie est axée sur la culture du blé et de la vigne ainsi que sur l'élevage de chevaux et de moutons. Richerenches est alors réputée pour la qualité de ses chevaux, tous destriers de guerre, solides physiquement, dont la quasi-totalité était envoyée en Terre sainte. En 1139, le seigneur Hugues de Bourbouton se fait templier, cède à l'Ordre tous ses biens et terrains, et, est nommé commandeur de Richerenches cette même année.

Le blason de Richerenches

En 1230, un conflit s'éleva entre le précepteur Bertrand de la Roche et Geoffroy, l'évêque du Tricastin. La discorde avait comme motif la jouissance des pâturages de la Baume-de-Transit. Il fallut l'arbitrage de Jean des Baux, dit de Baussan, évêque de Toulon, pour réconcilier les deux parties. Guigues Adhémar, Grand Maître de la Milice de Provence, en présence de De Guillaume Hugolin, précepteur du Temple de Richerenches, et de tous les commandeurs, rendit hommage, en 1290, au pape de tous les biens templiers entre les mains de Philippe de Bernisson, nouveau recteur du Comtat Venaissin.

Lors de la dissolution de l'Ordre du Temple, au Concile de Vienne, en 1308, ces terres furent données aux Hospitaliers de Saint-Jean de Jérusalem puis au pape Jean XXII en juin 1317. Les Papes délaissèrent à leur tour Richerenches, pratiquement inhabité. Il fut acheté en 1476 par le Cardinal Julien de la Rovere (futur Pape Jules II) qui le céda à sa fondation : le Collège de Roure.[93] [94] [95]

Les armes de Richerenches peuvent se blasonner ainsi : « D'argent au chêne de sinople, fruité de sable ». Ce sont les armes de Giuliano della Rovere, futur pape Jules II, Rovère désignant le chêne rouvre nommé *roure* en provençal.

La prophétie de saint Malachie (ou prophétie des papes) attribue au pape Jules II la devise *« Fructus Jovis juvabit »* (Le fruit de Jupiter aidera). Il était le neveu de Sixte IV (1471-1484) qui promulgua la bulle « Aeterni regis » le 21 juin 1481, établissant un premier partage du monde entre Espagne et Portugal, et qui ouvrit toutes grandes les portes à la mission de Christophe Colomb, sous l'égide de l'Ordre du Christ, un ordre portugais qui reçut en dévolution les biens de l'ordre du Temple après leur disparition en 1312.

Le blason de Sixte IV se lit aussi comme suit : *« d'azur au rouvre d'or aux rameaux passés en sautoir »*. La famille Della Rovere est une famille noble italienne originaire du Piémont qui s'illustra dans l'histoire de l'Italie au cours de plusieurs siècles.

---

[93] Office de Tourisme de Richerenches : www.richerenches.fr.

[94] Projet Beaucéant : www.templiers.org.

[95] Les Amis du Patrimoine des Ordres Religieux : www.insolite-asso.fr.

Jewish Princedom in Feudal France, 768-900, par Arthur J. Zuckerman

3 mai 2016 : Je me suis offert un superbe cadeau dont je rêvais depuis près de vingt ans. J'ai enfin acheté le livre très important, intitulé: *« Jewish Princedom in Feudal France, 768-900 »* (Study in Jewish History), par Arthur J. Zuckerman (Le royaume juif dans la France féodale, 768-900). Ce livre de 432 pages, assez rare, peut coûter jusqu'à $270 sur le marché (évidemment, j'ai payé le livre beaucoup moins cher que le prix ci-haut).

Publié en 1972 par les presses de l'Université de Columbia de New York – l'une des plus prestigieuses universités nord-américaine – ce livre fait l'historique de ce qu'on peut appeler le royaume juif de Septimanie (dans le sud de la France) aux 8e et 9e siècles, et de l'Exilarquat de Babylone incluant Makhir ben Habibaï (Theodoric IV de Narbonne / Thierry Ier d'Autun) et ses descendants. À mes yeux, ce livre est crucial au niveau historique, puisqu'il rend compte d'une vérité souvent non-dite dans les manuels scolaires modernes. Il avait été jugé digne d'un article du Journal of the American Oriental Society en 1977.[96] Patric Choffrut écrivait :

« Il y eut des juifs en Ibérie dès avant la naissance du christianisme, et leurs conditions d'existence varièrent selon les autorités de l'époque et les zones considérées. Leur condition d'exilés a toujours imposé aux communautés juives de s'adapter au terrain. Vers la fin du premier millénaire de l'Ère Commune la péninsule ibérique reposait sur deux civilisations – l'une arabe,

---

[96] Critique par: Allan Harris Cutler, A Jewish Princedom in Feudal France, 768-900 par Arthur J. Zuckerman. Journal de l'American Oriental Society, Vol. 97, No. 2 (Avril – Juin, 1977), pp. 207-210. Publié par: American Oriental Society.

qui refluait lentement vers le sud selon les événements de la Reconquista, avec parfois des épisodes de rigidité musulmane envers les dhimmis, et l'autre catholique, qui n'était pas d'emblée anti-judaïque, comme en témoignent les nombreux personnages juifs qui fréquentaient la cour de Castille.

« Mais il me semble juste de parler d'une communauté tampon entre les juifs séfarades et les juifs ashkénazes qu'on retrouve en Francie et dans les zones mixtes de Lorraine/Rhénanie : les « juifs de Provence » comme on les appelle communément, de Catalogne au Languedoc et à la Provence de Gérone à Narbonne, de Perpignan à Lunel, Bagnols sur Cèze, Montpellier, Nîmes, Arles, Marseille, Aix-en Provence, et jusqu'à Digne et Marvéjols, sous la conduite des « sages de Provence », les Hachmei Provence.

« Il semble qu'ils n'aient pas spécialement eu à souffrir des chefs musulmans, qui tinrent Narbonne pendant plus de 40 ans (714-759), mais ils aidèrent pourtant à la reddition de la ville, assiégée par les Francs de Pépin le Bref. La ville fut confiée à des vicomtes, et en échange de leur aide, Pépin nomma premier Nasir (=patriarche) un dénommé Makhir/ Maghario. Il semblerait que Pépin reçut Makhir dans la noblesse franque et l'adouba avec le nom distinctif de Théodoric. Les lois carolingiennes accordèrent à Makhir-Théodoric une propriété terrienne en libre aloi, incluant d'anciens biens ecclésiastiques, situés en Septimanie et dans le Toulousain, et étendus à d'autres en Espagne. Par acte d'ordonnance, Makhir-Théodoric devint vassal des Carolingiens et, en retour, assuma la suzeraineté des Juifs. L'armoirie de ce prince était le Lion de Juda. A noter que le golfe qui borde la Septimanie de nos jours encore s'appelle « le golfe du Lion ». C'est là l'origine du mythe du « royaume juif » en Europe méridionale. »[97]

---

[97] Patric Choffrut

– Licencié d'Allemand, Agrégé d'Anglais, Docteur ès Lettres (Thèse sur le mouvement syndical juif aux USA).

– Ancien Maître de conférences à l'Université d'Avignon.

– Ancien président de l'Institut d'Estudis Occi- dans (1980-82).

– Chercheur en langue, littérature et civilisation comparées.

Voici ce qu'écrit maintenant Lee Levin à propos du livre d'Arthur J. Zuckerman :

« De temps à autres, on nous présente des récits d'obscures communautés juives dans des lieux bizarres et inattendus, comme la Chine, l'Inde, ou l'Afghanistan. Mais leur seul point d'intérêt est simplement d'exister, ou d'avoir existé. Or le royaume juif de Septimanie n'était rien de tout cela. Il était vaste, et comprenait les importantes villes de Narbonne, de Toulouse et de Carcassonne, et il ne se contenta pas d'exister. Il joua un rôle majeur dans l'histoire de la France médiévale.

« Makhir s'avéra être un roi guerrier de grande valeur, il combattit avec Charlemagne, et ce faisant il quadrupla la superficie de la Septimanie, lui donnant ainsi une existence respectable. Il n'y a aucun doute qu'il dut en grande partie son succès au fait d'être reconnu comme Messie par ses sujets juifs qui se battirent vaillamment sous son étendard – le lion de Juda – et qu'il vola de victoire en victoire jusqu'en 793 EC où Makhir tomba à l'occasion d'une escarmouche de second ordre sur les rives de la Weser en Pannonie. Les rois qui succédèrent à Makhir jouèrent un rôle important dans l'histoire de la France, les frontières de la Septimanie se déplacèrent sans arrêt, selon les aléas des combats et des alliances. Le royaume de Septimanie disparut au terme de 140 ans, avec la mort du dernier roi de la dynastie de Makhir, qui n'eut pas d'héritier mâle. »[98]

---

[98] The Jewish Magazine : www.jewishmag.com.

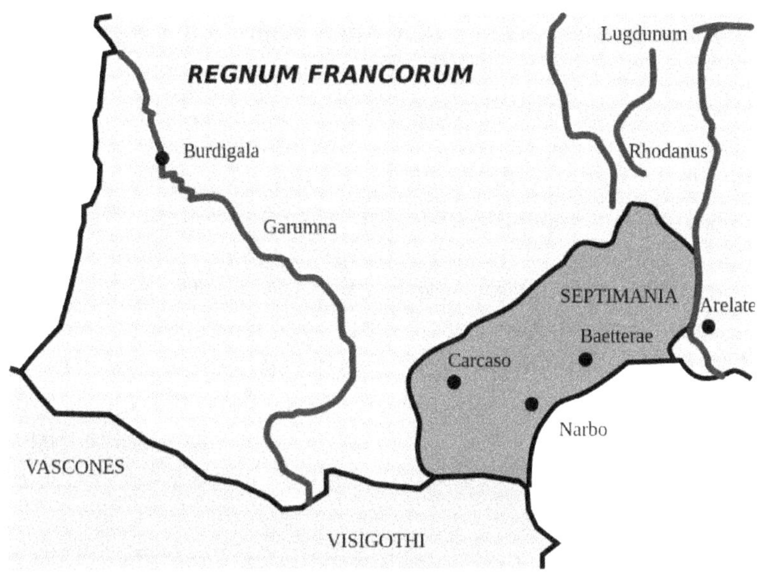

La Communauté Juive sous le règne des Vicomtes

Il y avait à Narbonne environ 2000 Juifs, établis dans deux quartiers de la Cité ; celui de Belvèze, dans la juridiction épiscopale juiverie archiépiscopale et celui des Juiveries-Mages dans la juridiction vicomtale juiverie vicomtale. Ils étaient les intermédiaires entre l'Orient et l'Occident. Leur organisation économique et politique, entièrement autonome, avait comme chef suprême un Naci (un prince) héréditaire. Le voyageur et rabbin juif Benjamin de Tudèle, visitant les communautés juives de la Méditerranée vers 1165, mentionne ainsi celle de Narbonne:

« Narbonne est une ville des plus célèbres par rapport à la Loi. C'est d'elle que la Loi s'est répandue dans toutes ces contrées. On y voit des sages et des princes très célèbres à la tête desquels il faut compter le rabbin Kalonyme, fils du grand prince Théodore, d'heureuse mémoire, qui est nommé dans sa généalogie parmi ceux qui sont de la postérité de David ».

L'académie juive de Narbonne avait eu des théologiens et des grammairiens illustres, parmi lesquels : Joseph Kimchi et ses deux fils David et Moïse, vers la fin du XII° siècle, tous trois nés à Narbonne. Les richesses intellectuelles des Juifs allaient de pair avec leurs richesses matérielles. Le peuple et le pouvoir éprouvèrent toujours à leur égard un ressentiment, inspiré sans doute par la convoitise mais justifié par la certitude que les fortunes des Juifs étaient amassées aux dépens de leurs contemporains. Ainsi s'expliquent les confiscations périodiques. Celles de 1305 ne laisse aux Juifs que les yeux pour pleurer. Le roi Philippe IV les expulsa du pays sous le double grief d'hérésie et d'usure et s'appropria leurs biens.

L'Académie Juive de Narbonne fut fermée au moment où elle attirait sur elle les regards du Judaïsme universel. Le naci Kalonymos ben Todros jouait alors un rôle d'arbitre très écouté dans les controverses engagées au sujet des études hébraïques. Kalonymos dut aller exercer ailleurs son arbitrage, laissant à Narbonne les vingt maisons qu'il y possédait qui furent vendues à l'encan, au profit du trésor royal. Nous pouvons encore apercevoir l'ancienne Maison du Roi des juifs Au n°19, de la rue de l'ancien-courrier.[99]

Derrière la grille verte s'ouvre un patio : l'ancienne « Cour du Roi » du titre donné par Charlemagne à une famille dynastique juive. Outre les deux arches caractéristiques du Moyen âge, nous pouvons voir, surmontant la façade un écusson martelé à la révolution, blason de la famille Kalonymos.

[99] Paul Carbonel, Histoire de Narbonne, des origines à la veille de la révolution (et De la révolution à nos jours), Éditeur : Laffite Reprints Marseille.

La Cour du roi des Juifs, à Narbonne (France).

La maison du roi des juifs était celle du prince Calonyme. Cette maison fut vendue en 1307, aliénation des biens des juifs pour établir le consulat de Cité. Avant 1300 cet ensemble appartenait à Mohamed Tauro dit le Roi des Juifs. C'est le commissaire du Roi Gérard de Toulouse qui s'en rend acquéreur pour les consuls. En 1403 y habite Jehans de Polias, officier royal qui a plusieurs esclaves à son service.

8 mars 1554
exemplaire n°2

François de Lorraine duc de guise
pair et grand chambellan de france gouverneur
et lieutenant general pour le Roy en dauphiné
à tous ceux qui ces presentes lettres verront;
salut, sçavoir faisons comme pardevant la
cour de ceant aye été meu et intanté procez en
premiere instance, entre pierre sebastien jacques
autre pierre le jeune, guilhaume thomas claude jean
autre guilhaume le jeune, autre jacques Richaud
jacques claude et paul freres, antoine le jeune
autre jacques le jeune Bouillanne ecuyer de laval
de quint demendeurs et requerants etre maintenuz
en leur droit et facultez, et preminence et prerogative
de nobles et oposant à certaines executions et
gagemens fait de leur biens en vertu de certaines
impositions ordinaire et extraordinaire par les
consuls de laval de quint d'une part et leds consuls
deffendeurs et opposant d'autre. Disoient ledit demandeurs
que tant eux que leurs predecesseurs auroient été et
etoient nobles noblement vivant et comme tel leur dit

Acte de 1554 par François de Lorraine duc de Guise, grand chambellan de France, reconnaissant la noblesse des de Bouillanne et de Richaud.

Des Templiers de Bollana à Raimond de Bollène, archevêque d'Arles (1163)

Il est clair que le Prince Ursus est un personnage mystérieux autour duquel gravite une grande part de l'histoire secrète de la France. Il est le pivot central sur lequel se sont forgées les légendes arthuriennes et graéliques.

Descendant de Dagobert II, de Gisèle de Rhedae et de Makhir ben Habibaï (Theodoric IV de Narbonne / Thierry I d'Autun), Ursus était présent lors de la translation des reliques de saint Baudile en 878, l'auteur anonyme précisant qu'il était le vicomte de Nîmes.[100] Lorsque les reliques du saint furent découvertes, les évêques entonnèrent le Te Deum, chanté par les ecclésiastiques qui étaient présents et qu'on assure avoir été au nombre de cinq cents.[101] C'est probablement à ce moment que Ursus se fit couronner en tant que Roi des Exilarques de Babylone (ou Roi des Juifs) : *« Cum principe Urso, quem comes vice sua misit, celeriter urbem Nemausum adierunt ».*

En 877, Ursus participa à l'insurrection organisée par Bernard Plantevelue contre Louis II le Bègue. Deux ans plus tard, abandonné de tous, Bernard rassembla ses derniers partisans et alla se réfugier dans le comté d'Autun, d'où il mit tout le pays à contribution. L'armée de Bourgogne finissait de remettre le comté d'Autun sous l'obéissance du roi, lorsqu'elle apprit la mort de ce dernier, survenue le 10 avril 879. Six mois plus tard, Boson convoqua une assemblée à Mantaille et se fit élire et couronner roi de Bourgogne-Provence.[102] Ayant probablement changé de

---

[100] Abbé Lebeuf, Histoire d'Auxerre, nouvelle édition, t. 1, p. 206.

[101] Léon Ménard, Histoire des antiquités de la ville de Nimes.

[102] Dom Devic et Dom Vaissete, Histoire générale de Languedoc,

camp et combattu Bernard Plantevelue aux côtés de Boson, ce dernier remit à Ursus la seigneurie de Bollène où une partie de ses descendants fit souche, donnant naissance à la lignée des Bouillanne (Bollana, Abolena, de Bollanicis).[103]

Ce n'est certes pas un hasard si Antoine Barnave écrivait dans ses mémoires en 1787 : *« L'origine de la noblesse des maisons de Richaud* (branche cousine) *et de Bouillanne, de la vallée de Quint, se perd dans la nuit des temps. les preuves multipliées de la noblesse des maisons de Richaud et de Bouillanne, consignées dans les registres de la chambre des comptes, et le peu de monuments qui leur restent pardevers, la présentent comme si ancienne, qu'il n'y a pas beaucoup de maisons dans la province qui puissent prouver au-delà ».*

C'est à ce titre qu'ils furent honorés et acclamés par les représentants des Trois Ordres (noblesse, clergé et Tiers Etat) à l'Assemblée de Vizille en 1788. D'après la tradition, ils furent placés à la droite du président, *« comme étant les plus anciens nobles de la province »*, et opinèrent toujours comme lui.[104] D'ailleurs, la noblesse des de Bouillanne et de Richaud fut reconnue par François Ier de Lorraine, 2e duc de Guise, dit « le Balafré », le 17 mars 1554.

Ces deux familles étaient très anciennement établies dans la vallée de Quint. Le Cartulaire de Léoncel, p. 141, mentionne Umberto de Bollana (Humbert de Bouillane) à la date du 21 septembre 1245, et le Recueil d'hommages relatif au Valentinois qualifie de nobles plusieurs membres de cette famille dans des actes de 1394 et de 1431, et de la famille Richaud en 1325, 1345 et 1349, ce qui semble établir que le

---

Édouard Privat, Libraire – Éditeur, Toulouse 1872, tomes 2 et 3.

[103] L'origine de la famille De Bouillanne [1ère partie].

[104] Bulletin de la Société départementale d'archéologie et statistiques de la Drôme, Tome XII, page 288, 1878.

prétendu anoblissement qu'aurait fait Louis XI n'est qu'une légende.[105] Umberto de Bollana figure également dans deux textes du mois de novembre 1245 élaborés dans le même village. Par ailleurs, les archives de la Drôme et de l'Isère conservent l'hommage rendu à Aimar de Poitiers, le 18 mars 1327, par noble Pierre de Richaud, et le 8 décembre 1349, par « noble homme, Hugues de Bouillanne » pour leurs biens situés en Pays de Quint.

La stèle érigée par l'association « Les descendants des de Richaud et de Bouillanne ».

Les membres de l'association française *« Les descendants des de Richaud et de Bouillanne »* n'ont jamais réussi à étendre leurs recherches généalogiques au-delà de l'année 1245, et ceci depuis près de vingt ans. Ils s'arrêtèrent au fameux Cartulaire de Léoncel, dans le département de la Drôme. Robert Hugonnard l'écrivait pourtant : *« Laissons donc la légende se parer de plumes multicolores, s'affubler d'oripeaux clinquants, s'embraser de tous les désirs refoulés, s'enflammer comme un toro de fuego. Par contre, soyons*

---

105 Histoire de Montélimar et des principales familles qui ont habité cette ville, Vol. 4, par le baron Adolphe de Coston.

intransigeants, droits et raides dans nos armures médiévales. (...) La lancinante légende demeure, se ramifie, se diversifie plus forte que la vérité... ou la vérité elle-même ! Restons humbles, déférents. Cherchons, creusons encore ».[106]

Le Cartulaire de la Commanderie de Richerenches

La présence de la famille de Bollène (de Bouillanne) au-delà de l'an 1245 est maintenant confirmée dans le Cartulaire de la Commanderie de Richerenches, dans lequel trois membres de la famille sont nommés à la date du 17 octobre 1168 lors d'une donation à l'Ordre du Temple : *« Et ego Villelmus Bollana, et Petrus Bollana, et Stephanus Bollana, nos omnes vollintate bona, pratum quod habebamus Armani de Bordellis, quod est infra istos terminos predictos, donamus, et super textum Euvangeliorum affirmamus fratribus Templi in domo de Richarenchis permanentibus, presentibus et futuris, et in manibus Deude de Stagno »*.

Il s'agit de Villelmus Bollana, de Petrus Bollana et de Stephanus Boliana tous les trois témoins de Armand de Bourdeaux, alors qu'il *« augmente d'une grande contenance sa première donation à Brente. Sa femme Pétronille n'étant pas présente à l'acte, bien que mentionnée comme partie, quatre Templiers se rendirent à Bourdeaux pour le lui faire ratifier. Sur le conseil de Bertrand de Bourbouton, le commandeur de Richerenches offrit à Armand un cheval d'armes de cinq cents sous, et prit à sa charge une dette de trois cent dix sous, hypothéquée sur une vigne voisine des terres données »*.

[106] La Gazette de l'Ours, Pour en finir avec Louis XI, No. 28, novembre 1994.

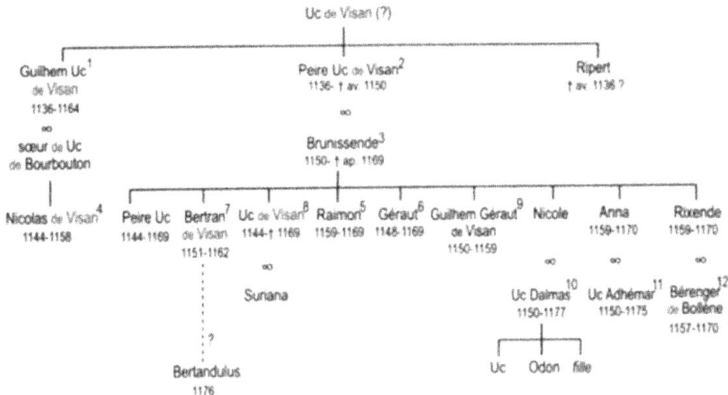

Le Prieur de Bollène, Berengarius de Bollène, est aussi nommé dans ce cartulaire. En effet, le marquis François de Ripert-Monclar (1844-1921) écrit :

« La seigneurie supérieure de cette très ancienne petite ville appartenait au prieuré de Saint-Martin, de l'ordre de Saint-Benoît, dépendance de l'abbaye de l'Ile-Barbe. Mais elle devait, sous sa mouvance, être possédée en partie par une famille qui en portait le nom au XIIe siècle, et dont un des membres, Bérenger, était marié à Rixende de Visan, circonstance par suite de laquelle il est fréquemment nommé dans nos chartes. Il ne serait pas impossible que cette famille dût son nom à l'avouerie du prieuré. (...) Nous avons exposé ci-dessus les raisons qui nous portent à rattacher à cette famille l'illustre archevêque d'Arles, Raimond de Bollène, précédemment chanoine de la cathédrale de Nice ».

C'est Raimon de Bollène qui couronna l'empereur germanique et suzerain de la Provence, Frédéric Ier Barberousse le 31 juillet 1178 dans la basilique Saint-Trophime, en présence de tous les grands du royaume à l'exception toutefois du comte de Provence. Ce couronnement marque l'apogée de la puissance des archevêques d'Arles. Dans la continuité de la réforme grégorienne, Raimon de Bollène s'attache à féodaliser les liens qui unit l'archevêque et ses vassaux. Toutefois, cette féodalisation est encore limitée et semble s'accompagner d'augmentation de fief. C'est le cas manifeste vis-à-vis de la puissante famille des Baux. Et déjà en 1178 ou 1179, l'archevêque Raimon de Bollène avait dû donner Mornas et Mondragon en augment de fief à Raymond V pour obtenir son hommage pour la terre d'Argence. Après avoir participé au troisième concile du Latran (mars 1179), Raimon de Bollène meurt le 22 juin 1182. Il est enseveli dans le croisillon sud du transept de Saint-Trophime où son épitaphe se lit sur le mur sud.

Enfin, terminons cet exposé en mentionnant que le feuillet No. 93 du Cartulaire de Richerenches contient l'abandon que fait la famille Bollana aux Pauvres Chevaliers du Christ et du Temple de Salomon d'un pré relevant d'Armand de Bourdeaux dans les limites de sa donation.

> « Faute de connaître tant de menus et prosaïques renseignements, on parle encore aujourd'hui sur les rives du lac de Genève, comme autrefois dans les forêts du Dauphiné, des légendes ténébreuses et mystérieuses de la famille de Bouillane. »[107]

Le 15 novembre 1994, Jacques Bouillanne écrivait dans la Gazette de l'Ours, No. 28 : *« Dans notre cas, la légende s'est emparée de l'histoire et lui a volé un événement bien antérieur »*.

---

[107] La France protestante, MM Eugène et Émile Haag, 1879. T. 2

Table des matières

www.ingramcontent.com/pod-product-compliance
Lightning Source LLC
LaVergne TN
LVHW012332100826
845148LV00017B/2123

* 9 7 8 1 7 7 0 7 6 5 9 4 8 *